Norbert Huppertz

Elternmitsprache im Kindergarten

Eine Aufgabe für Eltern, Erzieher, Träger

Herderbücherei Band 9049, 144 Seiten

Eltern, Erzieher und Träger des Kindergartens müssen zu einer konstruktiven Zusammenarbeit gelangen. Alle Betroffenen sollen dabei in einer Weise beteiligt werden, die ihnen ihre fundamentalen Kompetenzen nicht nimmt, den Partner aber dennoch ausreichend „mitsprechen" läßt. Dazu muß die Chance der „argumentativen Beteiligung" genutzt werden. Der größte Teil der beteiligten Partner ist dazu noch anzuregen und zu befähigen. Die Elternmitsprache stellt hohe Ansprüche an alle Beteiligten. Man kann dabei weder von Eltern noch von Erziehern und Trägern alles auf einmal verlangen. Qualifizierte Elternarbeit läßt sich in verschiedenen Graden realisieren. In vielen Bereichen hat dieser Lernprozeß mit Hilfe der Kindergartengesetze begonnen. Es wäre schade, wenn die so gegebene Chance vertan würde. Der vorliegende Band will Anregungen und Hilfen bieten.

in der Herderbücherei

Hans Herbert Deißler
Verschulter Kindergarten?

Wege und Irrwege der heutigen Vorschulpädagogik

Herderbücherei Band 9006, 128 Seiten, 7. Aufl.

Pädagogik und Politik befinden sich heute teilweise in einer fragwürdigen Beziehung. Pädagogische Reformentwürfe werden vor den Karren politischer Parteien gespannt, erziehungswissenschaftliche Argumente treten zurück und verschwimmen im Nebel politischer Machtkämpfe.
In besonders starkem Ausmaß erleben wir dies im Bereich der Vorschulerziehung. Politische Propaganda hat hier bereits zu einer gefährlichen Wunschtraumpädagogik geführt, die vielleicht zum Nutzen einer Partei, jedoch gewiß nicht zum Nutzen des Kindes ausschlägt.
Man würde es sich jedoch zu einfach machen, ignorierte man die vorhandenen Reformimpulse, um stur am althergebrachten Kindergartenkonzept festzuhalten. Bei jedem der konkurrierenden Modelle findet sich Richtiges und Falsches. Doch wer, vor allem wer von den Praktikern, vermag die Geister zu unterscheiden?
Dieses Taschenbuch bringt mit wissenschaftlicher Redlichkeit Klarheit in den Wirrwarr des Kindergartenstreites. Der Autor trägt Bausteine zusammen für eine emanzipatorische Vorschulerziehung im Kindergarten, die nach seiner Meinung am besten der demokratisch-pluralen Gesellschaft entspricht.

Herderbücherei *Pädagogik*

Band 9011

Über das Buch

Die Notwendigkeit der Elternarbeit im Bereich der Vorschulerziehung ist durch wissenschaftliche Erkenntnisse hinlänglich bewiesen. Keinen Erzieher des Kindergartens muß man noch davon überzeugen, daß seine Tätigkeit ohne die Arbeit mit den Eltern für das Kind kaum den wünschenswerten Erfolg haben kann.
Erzieherinnen des Kindergartens, Studierende der Sozialpädagogik an Fachschulen, an Fachhochschulen und Pädagogischen Hochschulen finden in diesem Taschenbuch zum erstenmal eine eindeutige Auskunft über das *Wie* der immer schon von ihnen geforderten Elternarbeit. Zu folgenden Fragen werden ausführliche, praktische Ratschläge gegeben:
Elternabend – Elternbrief – Hausbesuch – Gespräch mit den Eltern – Offener Kindergarten – Konflikte zwischen Erzieherin und Eltern – Mitbeteiligung der Eltern usw.
Obwohl hier eine für jeden verständliche Methodenlehre gelungen ist, werden nicht blindlings und konzeptionslos Rezepte gegeben, sondern eine Elternarbeit im Rahmen eines sich als demokratisch-partnerschaftlich begreifenden Kindergartens empfohlen, wie sie in allen Kindergärten zu leisten wäre.

Über den Autor

Norbert Huppertz wurde 1938 in Konzen bei Aachen geboren. Nach Abitur und Studium der Erziehungswissenschaft arbeitete er im praktischen Feld der Sozialpädagogik. Er war mehrere Jahre als Dozent an der Fachhochschule für Sozialarbeit und Sozialpädagogik in Freiburg im Breisgau tätig und betreute als pädagogischer Fachberater das elternintegrierte Kindergartenmodell in Landwasser. Derzeitig ist er Professor für Sozialpädagogik an der Pädagogischen Hochschule in Freiburg im Breisgau.
Wissenschaftliche Schwerpunkte: Pädagogische Resozialisierung (Heimerziehung und deren Alternativen), Gruppenpädagogik, Elternarbeit im Bereich der Kindergarten- und Vorschulerziehung, Theorie der Sozialarbeit und Sozialpädagogik.

Norbert Huppertz

Elternarbeit vom Kindergarten aus

Didaktische und methodische Möglichkeiten in der Sozialpädagogik

Herderbücherei

Originalausgabe
erstmals veröffentlicht als Herder-Taschenbuch

1. Auflage Januar 1974
2. Auflage März 1974
3. Auflage Juni 1974
4. Auflage August 1974
5. Auflage November 1974
6. Auflage Februar 1975
7. Auflage April 1975
8. Auflage Oktober 1975
9. überarb. Auflage März 1976
10. Auflage September 1976
11. Auflage Februar 1977
12. Auflage November 1977
13. Auflage September 1978

Herder Freiburg · Basel · Wien
Herstellung: Freiburger Graphische Betriebe 1978
ISBN 3-451-09011-2

Inhalt

Vorwort

Dieses Buch ist entstanden auf dem Hintergrund praktischer und theoretischer Tätigkeiten im sozialpädagogischen Bereich des Kindergartens und der Elternarbeit. Es ist ein Buch für die Praxis und enthält deshalb Ratschläge, die teilweise bis in einzelne Dinge des Alltags in der Kindergartenarbeit gehen. Der Autor will aber nicht zu einem blinden und unreflektierten Handeln anweisen, sondern er geht von einem bestimmten Verständnis des Kindergartens aus, das einen deutlichen Akzent auf Elternbeteiligung setzt.

Ich möchte mich in den vorliegenden „didaktischen und methodischen Möglichkeiten" in erster Linie an die Erzieher im Kindergarten wenden. Die Ratschläge sind für jeden verständlich und anwendbar. Zu den Adressaten gehören aber auch Studierende an Fach- und Fachhochschulen, die in ihrer späteren Tätigkeit im Kindergarten arbeiten und von denen eine Reform mit abhängen wird. Wenn in den einzelnen Darlegungen der Begriff „Erzieherin" und auch noch der ältere Begriff „Kindergärtnerin" verwendet wird, so geschieht das aus rein praktischen und sprachlichen Gründen. Selbstverständlich wäre jedesmal auch der männliche Studierende der Sozialpädagogik (an der Hamburger Fachschule für Erziehung 10% ausmachend) wie auch der Kindergärtner (schon 1967 waren es 300) gemeint. Von der Idee her umfaßt die Zielgruppe natürlich auch Diplom-Pädagogen und Diplom-Psychologen, deren Schwerpunkt Kindergarten- bzw. Elternarbeit ist, sei es in praktischer Tätigkeit oder in Aus- bzw. Fortbildung. Das Gesamtkonzept ist aber nur zu verwirklichen, wenn es von den Dozenten an sozialpädagogischen Ausbildungsstätten, von den Verantwortlichen der Träger, von Politikern und vor allem von Eltern (z.B. im Elternbeirat) in den Grundzügen akzeptiert und da, wo es möglich und sinnvoll erscheint, realisiert wird. Deshalb werden diese Personen als ein weiterer, wichtiger Adressatenkreis verstanden. Meine Erfahrung lehrt mich, wie bedeutend die Unterstützung durch die genannten Verantwortlichen für eine angemessene Reform des Kindergartens ist. Die vorliegende Didaktik und Methodik kann auch dem Erwachsenenbildner sowie dem Lehrer, der es mit Fragen der Elternarbeit zu tun hat, eine Hilfe für die Praxis sein.

Mit diesen Praxisvorschlägen für die Elternarbeit vom Kindergarten aus soll eine Lücke geschlossen werden. Forderungen nach Elternarbeit haben wir bisher zur Genüge gehabt. Es liegen auch – allerdings wenige – Abhandlungen zur Theorie und – allerdings getrennt davon – Abhandlungen zur Praxis der Eltern- bzw. Erwachsenenbildung vor. Was aber fehlt, waren die konkreten Angaben des „Wie“ in der Institution Kindergarten. Es fehlte aber auch die Integration von theoretischer Konzeption einerseits und einer daraus sich ergebenden Methodik für die Praxis des Kindergartens andererseits. Hier soll der Versuch einer theoretisch fundierten, didaktisch-methodischen Anleitung für die Elternarbeit im Bereich des Kindergartens gemacht werden. Grundlagen meiner Aussagen sind einmal ein bestimmtes eigenes Verständnis (Konzept) des Kindergartens; zum anderen Erfahrungen, die ich in der auf Elternintegration hin arbeitenden Kindergartenpraxis selbst sammeln konnte; weiterhin Berichte von vielen, länger wie auch kürzer in der Praxis stehenden Erzieherinnen des Kindergartens; schließlich liegt einem Teil der Aussagen von mir selbst erhobenes empirisches Material zugrunde. Die daraus sich ergebenden methodischen Anleitungen sind deutlich als Ratschläge erkennbar und insofern nicht ohne Engagement gemeint (= präskriptive Aussagen). Der Autor selbst hat also großes Interesse an der Verwirklichung der Elternarbeit im Bereich des Kindergartens. – Die erziehungswissenschaftliche Fachsprache wird nur, wo sie nicht vermeidbar ist, verwendet. Eine Hilfe kann das Verzeichnis der Fachausdrücke am Schluß sein. – Bei den empfehlenden Literaturangaben zu den Themenvorschlägen für Elternabende waren Klarheit und Verständlichkeit, aber auch finanzielle Erschwinglichkeit mit ausschlaggebend.

Danken möchte ich allen, die in irgendeiner Form am Entstehen des Buches beteiligt sind, und dabei hervorhebend nennen: Eltern und besonders Erzieher des Kindergartens in Freiburg-Landwasser, die zugleich Adressaten und Mitwirkende vieler Aktivitäten waren; Sabine Schuck hat an dem Abschnitt über den „offenen Kindergarten“ mitgearbeitet. Marta Högemann, die Leiterin der katholischen Fachschule für Sozialpädagogik in Freiburg, förderte als Schriftleiterin der Zeitschrift „Kindergarten heute“ durch die Publikation meiner Beiträge, die als Grundlage in dieses Buch eingingen, meine Arbeit und wurde oft zum praktischen Korrektiv.

Studierende der Sozialpädagogik arbeiteten in einem Projektseminar mit, aus dem eine Reihe von methodischen Gedanken hervorging; Studierende der Pädagogischen Hochschule Freiburg beteiligten sich an der Sichtung von empirischem Material, das hier teilweise Verwendung fand; die vielen Erzieherinnen und Leiterinnen von Kindergärten, mit denen ich Fortbildungsveranstaltungen zum Thema „Elternarbeit" durchführen konnte, gaben mir Anregung und Ermunterung zur vorliegenden Arbeit.
Nicht zuletzt danke ich meiner Frau, die als angehende Diplom-Pädagogin immer engagiertes Interesse am vorliegenden Gegenstand zeigte und ihn durch viele Gesprächsbeiträge und konstruktives Mitdenken förderte.
Ich widme dieses Buch den Kindern, Eltern und Erzieherinnen in Freiburg-Landwasser.

Oberried, im Dezember 1973 Norbert Huppertz

Vorwort zur 9. Auflage

Die im Jahr 1974 erstmals erschienene „Elternarbeit vom Kindergarten aus“ geht nun nach 2 Jahren bereits in die 9. Auflage – ein Zeichen dafür, mit welch großem Interesse das Büchlein und damit das „Programm“ Elternintegration aufgenommen wurde. Die sehr große Anzahl der anerkennenden Rückmeldungen, die ich aus den verschiedenen Bereichen von Theorie und Praxis erhielt, lassen darauf schließen, daß man bereit ist, die Elternbeteiligung im Kindergarten weiter zu verwirklichen. Es ist anzunehmen, daß wir während der letzten Jahre im Kindergartenbereich sowohl in der Arbeit mit den Kindern wie auch mit den Eltern ziemliche Fortschritte gemacht haben. Für die Elternarbeit wird mir dies bestätigt durch die stärkere Betonung dieses Themas in der Ausbildung, durch das breite Angebot in der Fortbildung für Erzieherinnen und nicht zuletzt durch eigene Beobachtungen in der Praxis.
Ich möchte all denjenigen, die nach den Vorstellungen dieses Buches ihre Kindergartenpraxis reflektiert und neu erprobt haben, sehr herzlich danken; besonders aber gilt mein Dank denen, die mir ihre Erfahrungen persönlich mitteilten und weitere Anregungen gaben.
Die Neuauflage wurde an mehreren Stellen der gegenwärtigen Situation angeglichen, dies vor allem, was die Literatur- und Medienhinweise für die einzelnen Elternabende betrifft. In der Neuauflage hätte auch das Thema „Elternbeirat“ breiter behandelt werden müssen. Dieses werde ich eigens in einer Publikation bearbeiten, die im kommenden Jahr in der Reihe „Pädagogik für die Praxis“ im Herder-Verlag erscheint.
Ich möchte den Erziehern, die sich in Zukunft weiter für das hier vertretene Konzept „Elternarbeit vom Kindergarten aus“ engagieren, viel Erfolg bei ihrer Arbeit wünschen. Ich darf noch zum Ausdruck bringen, daß ich an Rückmeldungen aus Praxis und Ausbildung großes Interesse habe und für Rückfragen gerne zur Verfügung stehe.

Oberried, im Februar 1976 — Norbert Huppertz

Einleitung

Vorschul- und Kindergartenerziehung hat u.a. die Absicht, benachteiligten Kindern die gleichen Chancen zu geben wie den übrigen. Die Begleituntersuchungen zu Vorschulexperimenten kommen zu dem Ergebnis, daß von einer Wirksamkeit der eingesetzten Programme nur in den Fällen gesprochen werden kann, wo die Erziehung der Kinder gekoppelt war mit einer intensiven Elternarbeit; anders ausgedrückt: kompensatorische Erziehung im Kindergarten hat nur dann Sinn, wenn sie verwirklicht wird als eine elternintegrierte Tätigkeit des Kindergartens. „Förderungsprogramme sind nur dann erfolgreich, wenn sie nicht nur beim Kind, sondern seiner ganzen Erziehungsumwelt ansetzen, also auch die Eltern miteinbeziehen", so heißt es u. a. in dem Resumee der Studie von Gray und Klaus, einer der sorgfältigsten Begleituntersuchungen zur kompensatorischen Vorschulerziehung[1]. Es gibt nun allerdings derzeitig kaum noch Vorschul- bzw. Kindergartenexperten, die nicht auch die Forderung nach Elternarbeit erheben, wenn auch mit unterschiedlichen Zielsetzungen und Aufgaben. Schon Fröbel sah den Kindergarten nicht in einer verengten Weise nur im Hinblick auf das Kind, sondern betrachtete ihn zugleich als eine Einrichtung, in der Eltern lebendigen Anschauungsunterricht erhalten in Fragen der Erziehung. „Ebenso wichtig wie die Erziehung der Kinder ist eine Erziehung der Eltern", sagt C. G. Jung[2]. Von H. H. Deißler wird gefordert: „Die Kindergartenerziehung wird ohne Elternerziehung nur wenig effektiv sein können. Jede Kindergartenplanung muß die Elternerziehung mitplanen."[3] D. Sengling machte „kritische Anmerkungen für eine qualitative Veränderung der Ausbildung" und verlangt u. a. eine „Erweiterung des Bildungsauftrages des Kindergartens."[4] Auf dem 4. Deutschen Jugendhilfetag 1970 wird in einer Resolution der Arbeitsgruppe „Training im Kindergarten" gefordert: „Die Ausbildung muß außerdem befähigen zur Elternarbeit."[5] In den Thesen zur Reform der Vorschulerziehung, einer Resolution der Vertreterversammlung des Deutschen Caritasverbandes 1970 in München, nennt These 1 „Beratung und Bildung der Eltern" als die „wichtigste Aufgabe der basalen Bildungsförderung". Auch der Strukturplan des Deutschen Bildungsrates spricht das Postulat der Elternarbeit aus: „Vom Eintritt des Kindes in den Kindergarten an ist eine enge Zusammenarbeit zwischen Kindergarten und Elternhaus notwendig."[6]

Der Katalog der Forderungen und Vorschläge könnte fortgesetzt werden, und wir würden sehen, daß sich eine breite Skala an Verständnismöglichkeiten der Elternarbeit ergibt, die reicht von einer intendierten Erziehung der Eltern über eine Kooperation mit ihnen bis hin zu einer qualifizierten Mitbestimmung. Ich meine, es sei sachlich und terminologisch günstig, bei Elternarbeit im Bereich des Kindergartens von „Elternintegration in der Vorschulerziehung" zu sprechen und darunter Elternbildung, Elternberatung, Elternmitarbeit und Elternmitbestimmung zu verstehen. Vorschulerziehung würde dabei nicht nur die Erziehung der Fünfjährigen, sondern die gesamte Kindergartenerziehung bedeuten.

Dieses Verständnis von Elternarbeit liegt dem ersten Teil des Buches, der sich als theoretische Fundierung begreift, zugrunde. Darin wird zunächst das Verhältnis zwischen der Erzieherin im Kindergarten und den Eltern beschrieben (I.), während dann bei einer Erörterung der Gründe der Elternarbeit vom Kindergarten aus Ziele und Aufgaben, die sich daraus ergeben, dargelegt werden (II.). Der eigentlich methodische Teil beginnt mit dem Elternabend, der an Hand von 8 Leitfragen erörtert wird (III.). Daran schließen sich konkrete Modellbeispiele für Elternabende an (IV.), und es werden mit dem „offenen Kindergarten" neue Möglichkeiten einer elternintegrativen Kindergartenarbeit vorgestellt (V.). Praktische Ratschläge für den Elternbrief (VI.) und Hausbesuch (VII.) gehen Hinweisen zum Gespräch mit den Eltern (VIII.) voraus. Nach den Empfehlungen, was bei überfülltem Kindergarten zu tun sei (IX.), folgen schließlich Forderungen an die für den Kindergarten Verantwortlichen (X.).

I. Das Verhältnis zwischen der Erzieherin im Kindergarten und den Eltern

1. Woraus ergibt sich das Verhältnis zwischen Erzieherin und Eltern?

Sobald das Kind in den Kindergarten kommt, ergibt sich für es ein erzieherisches Spannungsfeld, in dem in der Hauptsache zwei Sozialisationsinstanzen Einfluß haben: neben die institutionalisierte Erziehungseinrichtung Familie tritt der Kindergarten mit seinen Ansprüchen und Zielen. Von diesem Zeitpunkt an steht das Kind in einem sogenannten bizentralen Erziehungssystem, und das bedeutet, daß es u.U. ertragen muß, wie zwei verschiedene pädagogische Richtungen auf es einwirken. Ebenso wie das Leben des Kindes erhält aber auch die Erziehungstätigkeit der Eltern eine neue Perspektive; für den Erzieher im Elternhaus kommt eine weitere Dimension in sein erzieherisches Denken: der Kindergarten wird von diesem Zeitpunkt an für ihn zu einem bedeutenden und pädagogisch zu berücksichtigenden Gegenstand. Zugleich tritt der Erzieher der Familie (in der Regel die Mutter, aber erfreulicherweise auch schon häufiger der Vater) dadurch in eine Beziehung zu der Erzieherin des Kindergartens.

Der Kindergarten wird nun vielfach als eine sogenannte familienergänzende Erziehungseinrichtung bezeichnet und versteht sich im allgemeinen auch selbst so. Damit ist ausgesagt, daß ein pädagogischer Mangel der Familie ausgeglichen werden soll. Das Verhältnis zwischen Erzieherin im Kindergarten und Eltern ergibt sich also aus einem Defizit der Familie: Diese ist nicht in der Lage, das zu tun und zu bieten, was man vom Kindergarten erwartet. Von dieser Erwartungshaltung auf seiten der Gesellschaft, hier des näheren der Eltern, ist auch das Verhältnis der beiden Erziehungsinstanzen und der dort Tätigen zu sehen. Das pädagogische Defizit der Familie und das daraus resultierende bizentrale Erziehungssystem sind das Fundament für das Verhältnis zwischen der Kindergärtnerin und den Eltern. Damit wird die komplementäre Funktion des Kindergartens deutlich.

2. Merkmale des Verhältnisses zu den Eltern

Keine Erzieherin im Kindergarten kann sich ihre Kinder aussuchen, sondern sie hat in der Regel „ihre Gruppe“ und damit „ihre Kinder“. Genausowenig kann sich die Erzieherin „ihre“ Eltern auswählen. Diese „hat“ sie dadurch, daß sie deren Kinder erziehen soll. Abgesehen davon, daß man sich evtl. die Gegend beziehungsweise den Ort oder den Stadtteil, in dem man arbeitet, aussuchen kann und somit evtl. die Eltern nach einer bestimmten regionalen bzw. sozialen Herkunft, ist man unausweichlich als Kindergärtnerin mit den Eltern durch die Kinder in Verbindung gebracht. In anderen pädagogischen Berufen ergibt sich das Verhältnis zu den Eltern der zu Erziehenden in ähnlich zwangsläufiger Weise, z.B. in der Schule. Doch dürfte die Verbindung, die Eltern zum Kindergarten haben, wegen des Alters, in dem das Kindergartenkind sich befindet, eine besondere Bedeutung haben. Das aber macht gerade das Verhältnis der Erzieherin zu den Eltern zum besonderen Problem. Von der Qualität dieses Verhältnisses hängt für das einzelne Kind und seine Erziehung sehr viel ab, und – es ist ein Zwangsverhältnis. Die Erzieherin muß diese Eltern in das Erziehungssystem mit einbeziehen, und ebendiese Eltern kann sie sich nicht auswählen.

Ein weiteres Merkmal des Verhältnisses zwischen Erzieherin und Eltern sind der punktuelle Anfang und das punktuelle Ende dieser Beziehung. Eltern haben im allgemeinen wenig Interesse an der Kindergartenerziehung und kaum einen Bezug dazu, es sei denn, sie möchten ihr Kind im Kindergarten unterbringen. In diesem Fall erkundigen sie sich bald nach einem Platz, weniger jedoch danach, ob sie mit dem Konzept der Kindergärtnerin übereinstimmen. Dazu haben sie auch kaum eine Möglichkeit, weil sie erstens froh sind, daß sie überhaupt einen Platz für ihr Kind bekommen, und zweitens die Bedeutung einer bestimmten Kindergartenerziehung nicht erkennen, und drittens der Kindergarten – bisher jedenfalls – sich nicht in genügender Form darstellen konnte. Die kooperierende Erziehung zwischen Eltern und Erzieherin beginnt also einfachhin zu einem bestimmten Zeitpunkt und ohne besondere Vorbereitung der Eltern, und ebenso abrupt geht das Verhältnis, das Eltern zum Kindergarten haben, zu Ende, sobald sie kein Kind mehr in diese Einrichtung schicken.

Das Verhältnis der Erzieherin zu den Eltern ist weiterhin dadurch charakterisiert, daß es die Voraussetzung der Erziehung des Kindes ist. Nur wenn zwischen beiden Erziehungspartnern – Familie

und Kindergarten – ein ausgewogenes und spannungsfreies Verhältnis vorliegt, ist eine für das Kind erträgliche und wünschenswerte Erziehung möglich.
Hier spielen vor allem die Emotionen der Beteiligten eine wichtige Rolle und können zum Problem werden; auf der Seite der Eltern besteht eine gefühlsmäßige Bindung zu ihrem Kind; bei der Erzieherin ist es im allgemeinen so, daß in ihrer gesamten Berufsmotivation die Gefühlssphäre stark dominiert. Das dürfte u. a. einer der Hauptgründe sein, weshalb viele Kindergärten Schwierigkeiten haben, mit den Eltern auf eine einheitliche und positive Erziehungsbasis zu kommen.

3. Konflikte im Verhältnis zwischen der Erzieherin des Kindergartens und den Eltern

Nach der bisher kurz dargelegten allgemeinen Beschreibung des Verhältnisses „Erzieher–Eltern" sollen nun Hauptkonfliktquellen, die sich hier ergeben können, angedeutet werden. Man könnte die Konflikte, um die es geht, auch als Interessen- und Kompetenzkollisionen bezeichnen.
Zunächst sind die Interessenkollisionen zu nennen, die entstehen können im Zusammenhang mit den Zielen, dem Stil und den Inhalten der Kindergartenerziehung.
Die *Ziele* der Erziehung hängen immer mit Werten und Normen zusammen, und je nachdem welche Werte und Normen ein Mensch akzeptiert, dementsprechend sehen seine Erziehungsziele aus. So mag es für die im konfessionell getragenen Kindergarten tätige Ordensschwester eine Selbstverständlichkeit sein, mit Kindern zu beten und damit das Erziehungsziel eines religiös orientierten Menschen zu verfolgen; mit anders denkenden Eltern können sich hier durchaus Zielkollisionen ergeben, die zu schweren Konflikten führen.
Auch aufgrund von evtl. differierenden Ansichten über den *Erziehungsstil* entstehen Konflikte. Eine Kindergärtnerin gerät mit einer Familie in Streit, da ihr vorgehalten wird, sie greife nicht genügend ein, wenn sich Konflikte zwischen dem Kind dieser Familie und den übrigen Kindern der Gruppe ergäben. Die Kindergärtnerin ist von ihrem relativ freiheitlichen und wünschenswerten demokratischen Erziehungsstil überzeugt. Dazu gehört es auch, Kinder überall dort, wo es angebracht ist und keine Benachteiligung des einzelnen bedeutet, ihre Konflikte selbst lösen zu lassen. Doch

dafür zeigen sich die Eltern völlig uneinsichtig und haben größtes Interesse daran, daß ihr autoritärer Erziehungsstil auch im Kindergarten verwirklicht werde.
Interessenkollisionen zwischen Erziehern und Eltern kann man sich weiter vorstellen in bezug auf die *Inhalte* der Kindergartenerziehung. Greifen wir als Beispiel die Sexualerziehung heraus. Die Erzieherin dürfte es evtl. für ganz selbstverständlich halten, Kindern neben den Informationen, woher die kleinen Kinder kommen und wie sie aus dem Mutterleib herauskommen, auch die Information, wie sie in den Mutterleib hineinkommen, zu geben; viele Eltern könnten aber gegenwärtig durchaus gegenüber der Vermittlung dieses Inhaltes der Sexualerziehung im Kindergarten anderer Meinung sein, und so ergibt sich der Konflikt und belastet das Verhältnis der Erziehungspartner.
Kinder erziehen, so nimmt man immer noch an, das kann doch jeder. Nahezu jeder tut es ja auch. Und schließlich ist man ja selber auch erzogen worden und hat evtl. noch gesehen, wie das bei den jüngeren Geschwistern vor sich ging. Diese Einstellung vieler Eltern und ihre Konsequenzen werden in manchen Situationen für die Erzieherin zum Problem. Hinzu kommt, daß sie vielfach jünger ist als die Eltern, mit denen sie es zu tun hat, und ihr deshalb von vornherein menschliche Reife und Erfahrung abgesprochen werden. Dabei hat sie, so evtl. der Beamte in der gehobenen Laufbahn oder der Akademiker, sowieso nur die Mittlere Reife. Da kann sie ja schon gar nicht die volle menschliche Reife besitzen. – Der Erzieherin wird dagegen in ihrer Aus- und Fortbildung gesagt, daß sie sich emanzipiert verhalten und das Selbstbewußtsein eines Berufspädagogen entwickeln solle; daß sie z.B. ihren demokratischen Erziehungsstil und die damit zusammenhängenden Ziele verwirklichen müsse, auch entgegen den Intentionen der Eltern. Die Erzieherin hat also aufgrund ihrer beruflichen Sozialisation Kompetenzen erhalten, welche ihr von Eltern in vielen Fällen streitig gemacht werden, und dadurch entsteht der Konflikt.
Die Realität zeigt allerdings auch, daß Eltern durchaus recht haben können mit ihren Ansprüchen gegenüber dem Kindergarten und den Korrekturen, die sie am Verhalten der Erzieher anbringen wollen. Es ist ja keineswegs etwas darüber ausgemacht, daß der Kindergarten im ganzen schon den adäquaten Erziehungsstil gefunden hat und daß es hier nicht noch sehr viel Verbesserungsmöglichkeiten gäbe. Emanzipierte und pädagogisch aufgeklärte und engagierte Eltern können also durchaus zum Korrektiv der Kindergartenerziehung werden, ja sie sollten es werden, und der

Kindergarten sollte die Mitarbeit von aufgeschlossenen und demokratischen Eltern nicht nur dulden, sondern dankbar ihre Aktivitäten in die eigene Arbeit integrieren. Der Kindergarten darf z.B. auch nicht zu einer Verlängerung der Leistungsschule nach unten werden, wie dies sich in der Vorschulerziehung der USA vielfach gezeigt hat. Das wird aber von vielen Eltern erwartet, und hier muß der Kindergarten korrigieren. Er könnte aber auch dem Druck mancher rein leistungsorientierter Eltern nachgeben, und in diesem Fall müßten aufgeklärte Eltern ihrerseits wiederum zum Korrektiv des Kindergartens werden.

II. Begründung der Elternarbeit vom Kindergarten aus

Es gibt eine Reihe von Gründen, die von sich aus dazu auffordern, den Kindergarten nicht zu sehr auf das Kind eingeschränkt zu sehen, sondern ebenfalls die Eltern als Adressaten dieser pädagogischen Einrichtung zu betrachten. Man kann den Katalog der Begründungen aufgliedern in einen pädagogisch-systematischen und einen pragmatischen Teil. Es sollen zunächst die Gründe, die sich aus einer pädagogisch-systematischen Betrachtung ergeben, im Sinne von Grundsätzen genannt und dann erläutert werden.

1. Gründe aus pädagogisch-systematischer Betrachtung

- Kindergarten und Familie dürfen nicht gegeneinander arbeiten, sondern sie müssen erzieherisch kooperieren, um dem Kind unnötige Konflikte zu ersparen (a).
- Der Kindergarten sollte darauf sehen, daß seine Arbeit bei den Eltern die nötige Transparenz gewinnt (b).
- Das gegenseitige Verstehen von Kindergärtnerin und Eltern ist Voraussetzung für die Erziehung des Kindes (c).
- Die Erzieherin gewinnt ein besseres Verständnis des Kindes, wenn sie die Eltern und ihre Situation kennt und versteht (d).
- Die Öffentlichkeitsarbeit des Kindergartens soll bei den Eltern beginnen (e).

a) Kindergarten und Familie müssen erzieherisch kooperieren, um das Kind nicht unnötig in Konflikte zu bringen

Die Erziehung im Kindergarten ist Teil einer Gesamterziehung, an der weitere Erziehungseinrichtungen – insbesondere die Familie – beteiligt sind. Wir wissen nun aber, daß in den verschiedenen Familien großenteils je verschiedene Erziehungsziele verfolgt werden und dementsprechend differente Erziehungsstile Anwendung finden. Es ergibt sich dabei in manchen Fällen für das Kind die Gefahr, daß es den Eindruck gewinnt, etwas, das zu Hause ver-

boten sei, das sei im Kindergarten erlaubt, oder umgekehrt; es kann sich sogar der Fall ereignen, daß ein Kind im Kindergarten zur Verwirklichung eines dort wünschenswerten Verhaltens angeregt wird, während es für das gleiche Verhalten in seiner Familie negative Erfahrungen macht, da ebendieses dort als unerwünscht gilt. Derartig differente pädagogische Reaktionen auf die gleichen Verhaltensweisen bringen Kinder in Konflikte: das Kind kann nicht einsehen, warum zu Hause etwas „sich nicht gehört", was es im Kindergarten evtl. sogar „tun soll". Diese Konfliktsituationen sollte man dem Kind nach Möglichkeit ersparen, d.h., die Erziehung insgesamt ist derart zu gestalten, daß das Kind die beschriebene Normendifferenz in möglichst geringem und erträglichem Ausmaß erlebt.
Die hier angedeutete Forderung kann aber – wenn überhaupt – nur dann realisiert werden, wenn die beiden Hauptsozialisationsinstanzen, die für das drei- bis sechsjährige Kind Familie und Kindergarten sind, sich in ihrer Normen- und Wertorientierung aufeinander abstimmen. Es kann aber nicht darum gehen, daß dem sogenannten Unterschichtkind einfachhin die Normen der sogenannten Mittelschicht, an denen sich Kindergarten und Schule orientieren, „aufgedrängt" werden, evtl. noch in der Hoffnung, daß die Familie diese vom Kind übernimmt. Vielmehr müßte in derartigen Fällen eine gegenseitige Normenabstimmung erlangt werden. In alltäglichen Kleinigkeiten wird sich dabei das durchsetzen müssen, was praktisch und zweckmäßig erscheint, während man sich in menschlich-bedeutenderen Zusammenhängen auf eine für alle Beteiligten akzeptable Ethik bezieht. Ob ein Kind einen Hund mit in den Kindergarten bringen kann ist kein ethisches Problem, wohl aber die Frage, ob es andere Kinder der Gruppe im Konfliktfall schlagen darf oder nicht. Um diese wechselseitige Normenorientierung zwischen Kindergarten und Familie zu ermöglichen, ist ein permanenter Austausch der beiden Sozialisationsinstanzen miteinander nötig[7].

b) Der Kindergarten ist auf die Transparenz seiner Tätigkeit bei den Eltern angewiesen

Gegenüber dem Kindergarten und der Kindergärtnerin bestehen viele Vorurteile deshalb, weil der „Außenstehende" nicht genügend über die Arbeit „drinnen" (d.h. im Kindergarten) weiß. Diese Vorurteile wirken sich nicht gerade positiv aus auf die Einstellung, welche man in der Bevölkerung gegenüber der Erzieherin im Kindergarten und ihrer Arbeit hat. Derartige Voreingenommenheiten haben auch viele Eltern gegenüber „ihrem“ Kindergarten. Der Kindergarten tut nun etwas, was eigentlich gar nicht seine Absicht sein kann. Er verschließt sich einer ausreichenden Darstellung seiner Tätigkeit und trägt damit selbst zur Verstärkung der Vorurteile bei, statt deren Abbau durch die Arbeit mit den Eltern zu bewirken.

Eltern wissen in der Regel nicht, was im Kindergarten vor sich geht, die Kindergärtnerin aber sollte eigentlich größtes Interesse daran haben, daß sie es wüßten. Wer kennt nicht die stereotype Frage der Mutter, wenn sie ihr Kind vom Kindergarten abholt: Was habt ihr denn heute gemacht, erzähl doch mal? Im allgemeinen wird die Mutter Mühe haben, von ihrem Kind die Realität des Kindergartengeschehens zu erfahren. Meist kann sie sich auch gar keinen Reim darauf machen, daß das Kind nicht erzählt, was im Kindergarten geschieht, und meist wird sie annehmen, im Kindergarten werde den Kindern „überhaupt nichts Rechtes beigebracht und geboten“. Der eigentliche Grund aber, weshalb das Kind im Kindergartenalter viele Dinge, die sich zutragen, nicht berichtet, ist oft sein sogenannter Wissensegozentrismus, d.h., das Kind befindet sich in einem entwicklungsbedingten Bewußtseinsstand, in dem es annimmt, der andere (in unserem Falle die Mutter) wisse schon alles, was es selbst weiß. Dieser Wissensegozentrismus, der selbstverständlich von Kind zu Kind und von Altersstufe zu Altersstufe verschieden stark ausgeprägt sein kann, bringt viele Eltern, die so gerne etwas über das Kindergartengeschehen erfahren möchten, schier zur Verzweiflung.

Die Tätigkeit im Kindergarten sollte möglichst allen Eltern einigermaßen durchsichtig gemacht werden, und da dies über das Kind nur sehr unzureichend geschehen kann, ist die Elternarbeit vom Kindergarten aus der einzig mögliche und dringend notwendige Weg.

Die Transparenz der Kindergartenarbeit ist auch deshalb notwendig, um den Eltern, neben den positiven und wünschenswerten Dingen aus der Arbeit der Erzieherin, auch die Probleme und Schwierigkeiten der Kindergartenerziehung einsichtig zu machen, die sich z.B. ergeben aufgrund der Gruppengröße und anderer Ursachen. (Eine Kindergärtnerin, die eine Gruppe von 39 Kindern und daneben noch die Leitung des Kindergartens hat, ist auch aufgrund dieser negativen Tatsachen darauf angewiesen, ihre Arbeit transparent zu machen. Daß diese Gruppengröße eine Unverantwortlichkeit von seiten des Trägers ist, soll nicht unerwähnt bleiben.)

c) Das gute Verhältnis zwischen Erzieherin und Eltern als Voraussetzung einer wünschenswerten Erziehung

Sobald das Kind in den Kindergarten kommt, ergibt sich für es, wie gesagt, ein bizentrales Erziehungssystem, d.h., das Kind ist ab jetzt an zwei erzieherische Institutionen und deren Konzeptionen gebunden. Das heißt aber auch, daß in das pädagogische Bezugssystem, das zwischen dem Kind und (in der Regel) der Mutter (oder auch anderen von ihm geschätzten Personen) besteht, eine oder mehrere weitere Personen „einbrechen". Erzieherische Intentionen, die sich auf ein und dasselbe Kind richten und von verschiedenen Erziehungspersonen kommen, sind auf Dauer aber nur dann für das Kind erträglich, wenn sie in ihren Normansprüchen einigermaßen gleich sind. Das ergibt sich am ehesten dann, wenn eine weitere Forderung erfüllt ist, nämlich, daß beide erzieherischen Zentren (Berufserzieherin und Eltern) auf der Gefühlsebene nicht dauernd konträr zueinander stehen, sondern dort eine emotionale Ausgewogenheit herrscht.

Ein deutliches und nicht seltenes Beispiel mag dies erklären. Die ältere Großmutter erzieht das Kind ihrer Tochter, während diese einer Arbeit nachgeht. Das Kind ist nichtehelich, und es besteht ein sehr ungünstiges, emotional-negatives Verhältnis zwischen der Großmutter und dem Vater des Kindes. Die Mutter des Kindes legt aber Wert darauf, daß die wenigen Kontakte, die das Kind zu seinem Vater hat, nicht abbrechen, um dem Kind in irgendeiner Form doch ein Vaterbild zu ermöglichen. In diesem Fall kam es zu Schwierigkeiten, da die Großmutter wegen ihrer konservativen Einstellung und ihrer emotionalen Barrieren kaum in der Lage war, es zu dulden, daß das Kind sich positiv über seinen Vater äußerte.

Übertragen wir auf den Kindergarten, was hier gemeint ist. Die Erzieherin, die aus irgendeinem Grunde mit dem Vater eines Kindes, das sie in der Gruppe hat, in Streit geriet und von diesem angeschrien wird, erzählt, sie habe von diesem Tag an in dem Kind nur noch den aggressiven Vater gesehen und große Schwierigkeiten gehabt, sich dem Kind unbefangen zuzuwenden.

Damit haben wir einen Beleg dafür, wie wichtig ein (auch und vor allem auf der emotionalen Ebene) wünschenswertes Verhältnis der Kindergartenerzieherin zu den Eltern der Kinder ist. Es ist die Voraussetzung für ein optimales pädagogisches Verhältnis zwischen der Berufserzieherin und dem Kind und für eine qualifizierte Erziehung. Dieses notwendige und einigermaßen harmonisierte

Verhältnis kann sich aber am ehesten ergeben bzw. halten, wenn die Erzieherin bereit ist, über den Weg der Elternarbeit Kontakte mit den Eltern zu pflegen. Allerdings ergeben sich hier auch Anforderungen an ihre Psychohygiene, sonst läuft sie – um auf unser Beispiel zurückzukommen – Gefahr, den „brüllenden Vater“ aus dem Anblick „ihres“ Kindes nicht mehr herauszubringen.

d) Ein besseres Verständnis für das Kind durch die Arbeit mit den Eltern

Viele Erzieherinnen im Kindergarten haben ihren Beruf – jedenfalls geben sie das an – aus Interesse am Umgang mit Kindern oder, wie sie oft sagen, „aus Liebe zum Kind“ gewählt. Nun ist aber dieses engagierte Interesse seitens der Erzieher – das gilt nicht nur für den Kindergarten, sondern wohl nahezu für alle erzieherischen Berufe – keineswegs gegenüber allen Kindern gleich. Manche Kinder werden gegenüber anderen (bewußt oder unbewußt, meist wohl unbewußt) bevorzugt, und zwar sehr oft aufgrund äußerer Merkmale[8]. Andere Kinder mögen wir nicht so sehr wegen ihrer auffälligen Verhaltensweisen, die wir uns manchmal gar nicht erklären können. Auffälliges Verhalten bei Kindern kann nun sehr verschiedene Gründe haben, die im Verhalten der Gruppenerzieherin, in der Gruppenkonstellation oder aber auch sehr oft im Sozialisationsmodus des Elternhauses zu suchen sind. Die Familie hat ihren Einfluß ja in der Regel bereits drei Jahre lang ausgeübt, ehe das Kind in den Kindergarten eintritt, und dabei hat das Kind meist schon fundamentale Erfahrungen machen müssen, sowohl positiver wie auch negativer Art. Erst auf dem Hintergrund dieser Erlebnisse in der Familie kann man Kinder in ihrem Verhalten verstehen; denn hier waren und sind sie den nachhaltigsten Sozialisationsbedingungen ausgesetzt. Das aggressive Kind kann von der Erzieherin evtl. besser verstanden werden, wenn diese etwas über den repressiven Erziehungsstil der Mutter erfahren hat. Das aber kann nur in der Arbeit mit den Eltern geschehen.

e) Der Kindergarten braucht seinen Platz in der Gesellschaft. Er muß mehr Öffentlichkeitsarbeit betreiben, und diese beginnt bei den Eltern

Der Kindergarten ist in den letzten Jahren zum Interesseobjekt sehr vieler Gruppen in der Gesellschaft geworden, nicht zuletzt der Industrie, die sich inzwischen für alle Belange des Vorschulkindes etwas ausgedacht hat. Innerhalb der erziehungswissenschaftlichen Reflexion nimmt die frühkindliche Erziehung einen breiten Raum ein und findet größtes Entgegenkommen. Ein Zeichen dafür ist auch die inzwischen recht umfangreiche Literatur. Manchmal hat man den Eindruck, als gäbe es nur noch die frühe Kindheit, und dann würde die Entwicklung des Kindes, ganz wie von selbst und durch die frühe Sozialisation determiniert, weitergehen – so stark bemüht sich die Pädagogik heute um die ersten Lebensjahre des Kindes im Gegensatz z. B. zu den Problemen des Jugendalters. Das heißt aber nicht, daß die für den Menschen tatsächlich bedeutsame Entwicklungszeit auch in der Gesamtgesellschaft ihren angemessenen Platz bereits gefunden hätte. Daß der Kindergarten als erzieherische Einrichtung der wichtigsten Sozialisationszeit des Menschen bisher nicht die ihm gebührende Achtung mit den entsprechenden Konsequenzen erhalten hat, zeigt sich u. a. an der Besoldung der dort tätigen Personen. Diejenigen, die für das wichtigste Erziehungs- und Sozialisationsstadium verantwortlich sind, werden von allen Berufserziehern am schlechtesten bezahlt. Da stimmt doch etwas nicht! – Hier ergibt sich die Notwendigkeit einer breiten Öffentlichkeitsarbeit, um auch immer wieder die Bevölkerung und ihre politischen Machtträger darauf aufmerksam zu machen, wer man ist (!) und wie wertvoll man selbst (!) und die eigene Arbeit (!) für die Gesellschaft sind. Eine Möglichkeit, die Bedeutung der Erziehung im Kindergarten und damit die Bedeutung der dort Tätigen in die breite Öffentlichkeit zu bringen, ist die Arbeit mit den Eltern des Kindergartens. Diese wirken dann gleichsam als Multiplikatoren bewußtseinsändernd auf die Bevölkerung ein.

2. Gründe aus einer pragmatischen Betrachtung

Bei der Erörterung der Begründung der Elternarbeit vom Kindergarten aus, die sich aus pragmatischer Betrachtung ergibt, wird von der Frage ausgegangen: Welche Vorzüge hat der Kindergarten evtl. gegenüber anderen Institutionen der Elternarbeit. Dabei wird sich zeigen, daß diese Einrichtung vom Konzept her, d. h. dann, wenn sie sich darauf einstellen könnte und wollte, geradezu als Elternbildungs- und Elternberatungsstätte prädestiniert ist. Kindergartenerziehung wird dann Teil eines Gesamtbildungssystems, und die Elternarbeit im Kindergarten wäre „der Anfang einer umfassenden erziehungsbegleitenden Erwachsenenbildung“[9]. (Zu den personellen und organisatorischen Änderungen, die dabei in vielen Institutionen notwendig sind, vgl. S. 149ff.) Es werden zunächst die Gründe, die aus pragmatischer Perspektive für die Elternarbeit vom Kindergarten aus sprechen, im Überblick genannt und dann erläutert:

- 25000 und noch mehr Berufserzieher in der „Erziehungsberatung“ (a).
- Der Berufserzieher im Kindergarten hat die günstigsten Voraussetzungen (b).
- Ein permanenter Kontakt zu den Eltern ist schon vorhanden (c).
- Der Kindergarten hat die besseren Lernmöglichkeiten (d).
- Die Eltern kennen sich teilweise schon, und die Kontakte sollten erweitert werden (e).

a) Die Kindergärtnerin in der „Erziehungsberatung“

Wenn die Elternarbeit (hier des näheren die Elternbildung und Elternberatung) vom Kindergarten aus begründet werden soll, so ist davon auszugehen, daß wir es bei den im Kindergarten tätigen Personen mit Berufserziehern zu tun haben, die – jedenfalls vom Anspruch her – Erziehung im Sinne einer professionellen Tätigkeit gelernt haben.

Bei der Elternarbeit stehen nun aber inhaltlich-thematische Fragen der Erziehung an erster Stelle. Man kann bei beratenden Tätigkeiten in erzieherischen Fragen unterscheiden zwischen intentionaler Erziehungsberatung (diese geschieht in der voll ausgerüsteten Erziehungsberatungsstelle) und funktionaler Erziehungsberatung (das ist alle Beratung über Probleme der Erziehung außerhalb der institutionalisierten Erziehungsberatungsstelle). Es dürfte nicht mehr unbekannt sein, wie zahlreich heute die Erziehungsprobleme sind. Eine sorgfältige Untersuchung an 7- bis 10jährigen Volksschülern fand heraus: nur 22% der Schüler waren symptomfrei; 29% zeigten leichte Symptome; 29% galten als mäßig symptombelastet; 19% – also etwa jedes fünfte Kind (!) – waren Problemkinder; 1% Anstaltsfälle. Differenzierter ausgedrückt, heißt das: 26% der Kinder leiden an Schlafstörungen, fast 23% an nervösen Kopfschmerzen; 9% nässen im Volksschulalter noch ein; 38% kauen Nägel, und 40% zeigen Symptome von Konzentrationsschwäche[10]. Nahezu jedermann weiß aber auch, wie lang die Wartezeiten bei den Erziehungsberatungsstellen sind. Man möchte daran zweifeln, ob sich an diesem Zustand bald etwas ändert. Der

Teufelskreis schließt sich je neu: die Verhaltensauffälligkeiten von Kindern und Jugendlichen werden zahlreicher! Die Erziehungsberatungsstellen nehmen nicht in genügendem Maße zu, und das bedeutet, daß die Wartezeiten sich eher noch verlängern. Alles das und die Tatsache, daß es viel zuwenig prophylaktischen Einsatz im erzieherischen Bereich gibt, spricht dafür, die funktional-erziehungsberaterischen Potenzen des Kindergartens, welche in der gegenwärtigen Situation keineswegs ausgeschöpft sind, zu aktivieren (vgl. S. 137ff.). In einer Befragung, an der sich 1124 Kindergärten beteiligten, wurde übrigens auf die Frage: „Nehmen die Eltern Ihre Anregungen auf?", von 69% der Befragten mit „gerne" geantwortet[11].

b) Der Berufserzieher im Kindergarten hat die besseren Voraussetzungen

Mir scheint, bei keiner pädagogischen Berufsgruppe sind die potenziellen Fähigkeiten zu einer funktionalen Erziehungsberatung in so hervorragender Form vorhanden, wie bei den Erziehern des Kindergartens. Man muß sich einmal vorstellen, welches „Heer" von Berufserziehern, allein von der quantitativen Seite her gesehen, hier in Frage kommt. Was den qualitativen Aspekt der pädagogischen Fähigkeiten aufgrund der Ausbildung angeht, so kann man sagen, daß die Berufsgruppe der Erzieher im Kindergarten z.B. der Gruppe der Grund-, Haupt- und Realschullehrer überlegen sein dürfte, von der erzieherischen Qualifikation der Gymnasiallehrer ganz zu schweigen. Immerhin muß man bedenken, daß die Ausbildung einer Fachschule für Sozialpädagogik auch für erzieherische Tätigkeiten im Erziehungsheim, das ja die pädagogisch intensivste Institution sein will, vorbereiten möchte. Auch vom Alter der zu erziehenden Kinder aus gesehen, ist die Erzieherin des Kindergartens unter allen sekundären Sozialisationsinstanzen in der günstigsten Lage, um prophylaktisch zu arbeiten. Dies gilt insbesondere auch, wenn man an prophylaktische bzw. kompensatorische Arbeiten mit den Kindern unter drei Jahren denkt. „Aufnahme von Kontakten mit Elternhäusern in nach sozialstatistischen Merkmalen besonders ungünstigen Wohnvierteln schon im zweiten Lebensjahr des Kindes" schlägt U. Oevermann als ein Element eines kompensatorischen Erziehungsprogramms vor[12]. Wer käme für dessen Verwirklichung eher in Frage als (bei entsprechender Arbeitsdisposition) die qualifizierte Erzieherin des Kindergartens?

c) Die Beziehung zu den Eltern als günstige Voraussetzung

Ein weiteres Moment, das für eine beratende und bildende Tätigkeit durch die in der Kindergartenerziehung Beschäftigten nutzbar gemacht werden kann, ist die Tatsache, daß hier schon ein sogenanntes Kontaktfundament vorhanden ist. Bei jedem Beratungs- und Bildungsangebot muß zunächst einmal eine Beziehung zum Adressaten hergestellt werden. Diese Beziehung setzt ein gegenseitiges Kontaktnehmen sowie ein Kennenlernen voraus. Kontakt und Bezug zu anderen Menschen aber lassen sich in der Regel am besten herstellen über einen Gesprächsgegenstand, der für alle Beteiligten von Interesse ist. In unserem Falle ist es das Kind, das ja sowieso in der Kommunikation mit den Eltern den Mittelpunkt darstellt. Dabei wird allerdings davon ausgegangen, daß das Verhältnis zu den Eltern in der für die Erziehung im Kindergarten wünschenswerten Weise vorhanden und nicht durch negative Komponenten beeinflußt ist. Der vorhandene Kontakt zwischen Erzieherin und Eltern ist dann eine günstige Voraussetzung sowohl für einen kurzen Ratschlag „zwischen Tür und Angel" als auch für eine Beratung in der Sprechstunde, darüber hinaus aber auch für den Elternabend, der neben Bildungsaspekten immer auch Beratungsmomente enthält.

d) Der Kindergarten hat die besseren Lernmöglichkeiten

Um die Verbesserung der erzieherischen Fähigkeiten von Eltern bemühen sich viele Einrichtungen, u.a. auch die Massenmedien, wie Rundfunk und Fernsehen. Inwieweit diese aber tatsächlich in der Lage sind, Eltern auch reformiertes Können und eine Verhaltensänderung zu ermöglichen, darüber weiß man bis heute noch wenig. Diese Einrichtungen haben es u.a. mit der Grundschwierigkeit zu tun, daß der Lernvorgang nahezu ausschließlich passiv und rezeptiv vor sich gehen muß, da es sich immer um eine sogenannte Einwegkommunikation handelt, bei der die eine Seite aktiv ist und spricht und die andere passiv ist und hört. Man hofft dabei auf den Transfer des hinzugewonnenen Wissens in Verhalten, eine Annahme, die fast jeder kognitiven Vermittlung zugrunde liegt. Hinzu kommt hier ein für den Lernvorgang weiterer negativer Gesichtspunkt, nämlich die Tatsache, daß der Lernende nur selten und dann mehr zufällig in einer Problemsituation getroffen wird. Verglichen damit, hat der Kindergarten als Informationsvermittler bei weitem bessere Chancen. Die Kindergärtnerin, die sich mit einer Mutter über deren aggressives Kind unterhält, hat es mit einem Adressaten zu tun, für den „Aggression" im Augenblick ein Problem, und zwar ein existentielles, darstellt. Eine derart begünstigte Lernsituation trifft sonst kaum eine Beratungs- und Bildungseinrichtung an, selbst wenn man die sogenannten Mütterschulen und Elternseminare an Volkshochschulen mit einbezieht. „Die beste Zeit, etwas zu lernen, ist unter sonst gleichen Umständen, wenn man es braucht."[13] Ähnliches meint auch H. Hielscher, wenn er die Kindergärtnerin gleichsam „vor Ort" sieht. „Sie hat die einmalige Chance, am konkreten Beispiel Elternerziehung zu betreiben, sie hat konkrete Anknüpfungspunkte, sie kann gezielte Hinweise geben, weil sie die Kinder kennt."[14]

e) Das flüchtige Kennen der Eltern als Chance für die Elternarbeit

Elternbildung und -beratung gehen heute vielfach in Gruppen vor sich, und zwar aus verschiedenen Gründen: Einmal weil die Einzelhilfe allein schon vom personellen Aufwand her kaum zu leisten ist, dann aber auch weil die Gruppe und damit das Bewußtsein, daß man nicht allein erzieherische Probleme hat, zu einer verbesserten Ausgangssituation beitragen können. Die erfolgreiche Arbeit in der Gruppe setzt aber immer ein gutes gruppendynamisches Klima voraus, und dies dürfte sich vielfach eher ergeben, wenn die Gruppenmitglieder sich bereits kennen. Allerdings muß ebenfalls berücksichtigt werden, daß es mancherorts Eltern geben mag, die sich aus anderen Situationen in negativer Erinnerung haben, und dann könnte diese Kenntnis der Eltern untereinander kein Vorteil sein. Doch wenn man das einmal als eine Ausnahme ansieht, so dürfte sich hier ein Vorteil für die Elternarbeit vom Kindergarten aus ergeben gegenüber den Einrichtungen, bei denen die Eltern untereinander noch gar nicht bekannt sind, wie z. B. in Kursen an Volkshochschulen usw. Auch dieses vorteilhafte Moment des (oft mindestens flüchtigen) Bekanntseins der Eltern, das in einer qualifizierten Kindergartenerziehung sowieso vertieft werden muß, ist ein wichtiger Ansatzpunkt der Elternbildung und -beratung vom Kindergarten aus.

Wir können die Begründungsargumente der Elternarbeit vom Kindergarten aus in 10 Thesen zusammenfassen:

1. In der Elternarbeit ergibt sich eine erzieherische Kooperation zwischen Familie und Kindergarten, die dem Kind unerträgliche Konflikte erspart.

2. Elternarbeit ermöglicht die nötige Transparenz der Kindergartenerziehung.
3. Elternarbeit ermöglicht ein emotionales Verstehen der Erziehungspartner.
4. Aus der Elternarbeit resultiert, daß die Erzieherin aus der Kenntnis der elterlichen Situation ein besseres Verständnis für das Kind gewinnt.
5. Elternarbeit könnte dem Kindergarten zu seinem Platz in der Gesellschaft verhelfen.
6. Elternarbeit im Sinne von funktionaler Erziehungsberatung sollte der Kindergarten leisten, weil andere Institutionen dem Bedürfnis nicht entsprechen können.
7. Unter allen pädagogischen Berufsgruppen bilden die Erzieherinnen des Kindergartens diejenige, die von den berufsqualifizierenden Voraussetzungen her am besten für die Tätigkeit geeignet ist.
8. Der Kontakt, als wichtige Voraussetzung für Bildungs- und Beratungstätigkeit, ist zwischen Erzieherin und Eltern bereits vorhanden.
9. Die Kindergärtnerin trifft in ihrer Tätigkeit „vor Ort" auf äußerst günstige Bedingungen (Problemsituation der Eltern usw.).
10. Eine günstige Voraussetzung für die Elternarbeit kann auch sein, daß die Eltern schon Kontakte untereinander haben.

3. *Aufgaben und Formen der Elternarbeit vom Kindergarten aus – Elternintegration*

„Elternarbeit vom Kindergarten aus" bedeutet ein bestimmtes Programm, das sich mit bestimmten Zielvorstellungen an seine Adressaten wendet.
Grundsätzlich könnte Elternarbeit im Bereich des Kindergartens in dreierlei Weise verstanden werden: Man könnte erstens meinen, der Kindergarten stehe dabei eindeutig im Vordergrund und wirke von sich aus einseitig auf die Eltern. Diese würden dabei interpretiert als funktionale Informations- bzw. Bildungsadressaten. Würde man das so vorgestellte Verhältnis umkehren und die Eltern als die überwiegend dominierende Instanz betrachten, so ergäbe sich für den Kindergarten eine funktionale Abhängigkeit. Wünschenswerte Elternarbeit im Bereich des Kindergartens kann aber nur verstanden werden im Sinne einer Wechselwirkung zwischen Kindergarten und Elternhaus, zwischen den Meinungen und

Interessen von professionellen und nichtprofessionellen Erziehern. Die Forderung bzw. das Programm „Elternarbeit vom Kindergarten aus" gibt dabei lediglich die äußere Zentralisationsinstanz an. Organisatorisch wird sich die Elternarbeit im Bereich des Kindergartens bzw. im Kindergarten selbst abspielen, und dieser hat von sich aus auch die Aufgabe, den Anfang der Elternarbeit zu machen und zu strukturieren. „Elternarbeit vom Kindergarten aus" gewinnt dabei den Charakter eines emanzipatorischen und demokratisierenden Programms, das zur Integration zwischen Kindergarten und Familie führt.

Elternintegration in der vorschulischen Erziehung, verstanden als prozeßhafte Emanzipation und Demokratisierung der Beteiligten, wird real in:

- Elternbildung;
- Elternberatung;
- Elternmitarbeit;
- Elternmitentscheidung (diese Reihenfolge ist keine Rangfolge).

Elternbildung wird hier gesehen als a) mögliche Hilfe zur Verbesserung des pädagogischen Potentials der Eltern; b) als Möglichkeit der Persönlichkeitsveränderung der Eltern; c) als eine Aktivität, die auch über familienpädagogische Belange hinausdenkt und sozial-systematische Interessen im größeren Rahmen mit einbezieht[15]. Alle drei Gesichtspunkte müssen ihren Stellenwert erhalten, da sonst eine emanzipatorische Wirksamkeit nicht gesichert ist. Jeder pädagogische Vorgang ist zugleich auch immer ein gesellschaftlicher, und jedes pädagogische Defizit (wie auch jedes Privileg) hat auch gesellschaftliche Bedingungen als Voraussetzung. „Elternbildung soll den Eltern zeigen: Erziehung ist lernbar, Erziehungsschwierigkeiten sind nicht ihre Strafe oder ihr Schicksal, sondern zwischenmenschliche Probleme, die sich prinzipiell verstehen und verändern lassen."[16] Als Grundprinzip der Elternarbeit im Bereich des Kindergartens gilt: „Neues Wissen soll ein neues Verständnis, ein neues Verständnis soll eine neue Haltung und ein anderes Verhalten hervorrufen."[17]

Elternberatung ist gemeint im Sinne von Orientierungshilfe, Planungshilfe und Entscheidungshilfe[18]. In der Orientierungshilfe gewinnen Eltern Einsicht in ihre Lage, erkennen Zusammenhänge und verstehen Ereignisse, während die Planungshilfe ihnen Klarheit über die realen Möglichkeiten, die sie haben, verschafft. „Aber eigentlich kommt es in jeder Beratung darauf an, daß der nun informierte, aufgeklärte, distanzierte, seinen verschiedenen Möglichkeiten und deren Wirkungen und Folgen bewußte und

eingedenke Klient nun in Freiheit eine Entscheidung trifft, ein Akt seiner Selbständigkeit und Initiative." Nur dann ist eine wirkliche „Vermehrung der Autonomie und Mündigkeit, ... Erweiterung seines Kenntnisstandes, seiner Urteils-, Entscheidungs- und Handlungsfähigkeit" möglich, nur dann ist es überhaupt möglich, daß Beratung der Eltern einen emanzipatorischen Effekt hat.
Elternarbeit im Hinblick auf die sozialpädagogische Institution Kindergarten heißt aber auch *Elternmitarbeit.* In der Elternmitarbeit sollen alle Eltern Impulse und Möglichkeiten erhalten, sich für den Kindergarten zu engagieren.
Als weitere Dimension der Elternarbeit ist die Elternmitentscheidung zu nennen. Wirft man einen Blick in die Kindergartengesetze der einzelnen Bundesländer, so stellt man fest, daß den Eltern deutliche Rechte der Mitberatung zugebilligt sind. Mit Möglichkeiten der Mitbestimmung waren die Gesetzgeber zurückhaltend. Experimente in dieser Richtung sind den Trägern aber prinzipiell nicht verwehrt. Ich möchte hier hinweisen auf unser elternintegriertes Landwasser-Modell: ein Kuratorium von acht Personen entscheidet über alle pädagogischen und organisatorisch relevanten Angelegenheiten im Kindergarten. Dieses Kuratorium setzt sich zusammen aus vier gewählten Elternvertretern, drei Erzieherinnen des Kindergartens und einem Vertreter des Trägers. Die Erfahrung lehrt uns, daß solche Elternarbeit nur unter vollem Engagement und bei hoher Verantwortung aller Beteiligten möglich ist (vgl. S. 83f.). Zu Fragen der Zusammenarbeit mit dem Elternbeirat (Kindergartenbeirat, Kindergartenrat) hat sich der Autor in einer gesonderten Schrift im Herder-Verlag geäußert: „Elternmitsprache im Kindergarten – Eine Aufgabe für Eltern, Erzieher, Träger".
Damit ergibt sich allerdings ein neues Verständnis des Kindergartens. Der so erlangte „offene Kindergarten" ist nicht mehr die alte Bewahranstalt, aber auch nicht die Einrichtung, in der einer oder wenige (Träger und Erzieherin) genau wissen, was zu sein hat, und andere (Kinder und Eltern) nur zu tun haben, was gesagt wird. Die hier geforderte Erziehungseinrichtung hat als Ziel und zugleich Methode Emanzipation zu verwirklichen. Wer dieses Konzept akzeptiert – ich halte es für das einzig akzeptable, das allerdings nach und nach zu realisieren ist –, der gibt damit seine alleinige Autonomie auf. Das gilt für den Träger; das gilt für die Leiterin des Kindergartens; das gilt für die Eltern des Kindergartens, die ihre Mitberatungsmöglichkeiten bisher noch nicht zur Genüge ausnutzen; das gilt für die Gesamtheit der Erzieherinnen

des Kindergartens, die allerdings großenteils erst den Weg der pädagogischen Emanzipation und Solidarität beschreiten müssen. Der mit Hilfe dieses Konzepts „Elternarbeit“ geöffnete Kindergarten hat die Chance zu einer Stätte der Emanzipation aller Beteiligten zu werden; insbesondere jedoch zu einem Ort, der einem glücklicheren Leben unserer Kinder genügend Raum bietet!
Nachdem das Verständnis und die Aufgaben der Elternarbeit dargestellt sind, sollen im folgenden praktische Möglichkeiten bedacht und vorgeschlagen werden. In der Elternarbeit vom Kindergarten aus müssen wir unterscheiden zwischen solchen Formen, die stärker intentional und strukturiert ausgeprägt sind, und solchen, die mehr offenen und spontanen Charakter haben. Terminologisch könnte man dabei von eher didaktischen Arbeitsformen und eher spontanen Arbeitsformen sprechen. Als sogenannte didaktische Arbeitsformen sehe ich an:

- den Elternabend (zu einem erzieherischen Thema)
- den offenen Kindergarten
- den (großen) Elternbrief
- den Hausbesuch
- das beratende Gespräch
- das intensive Aufnahmegespräch.

Zu den spontanen Arbeitsformen rechne ich u. a. folgende Aktivitäten:

- die Kontaktecke im Kindergarten
- den Wunschkasten
- das Schwarze Brett
- das gemütliche und gesellige Beisammensein
- den Wochenplanaushang
- Gemeinschaftsarbeiten der Eltern (z. B. Herrichten eines Spielplatzes)
- die Beteiligung von Eltern an Exkursionen (z. B. Post, Bäcker).

Die Unterscheidung dieser beiden Kategorien von Arbeitsformen stellt keine Bewertung dar. Es ist auch nicht so gemeint, daß in der ersten Kategorie spontane und kreativere Momente fehlen dürften – im Gegenteil. Die beiden Arten unterscheiden sich hauptsächlich dadurch, daß bei den zuerst angeführten die intentionale Ausrichtung auf einzelne Lernziele im Vordergrund steht, während dies bei den übrigen nicht so sehr der Fall ist.
In dieser Schrift geht es um die didaktischen Formen der Elternarbeit.

III. Der Elternabend – Vorbereitung und Durchführung

Die Arbeit mit den Eltern der Kinder, die den Kindergarten besuchen, bediente sich herkömmlich des sogenannten Elternabends. Vielfach geschieht dabei folgendes: Man lädt einen Referenten ein, dieser referiert vor den Eltern, die interessiert sind und – häufig schon einen relativ hohen Bewußtseinsstand zum betreffenden Thema haben. Das ist auch oft die Motivation dafür, daß die Eltern überhaupt der Einladung gefolgt sind; denn lernpsychologisch gilt immer noch der Satz: am meisten lernt derjenige, der schon am meisten weiß. Die Eltern mit dem relativ hohen Bewußtseinsstand sind in der Regel auch diejenigen, die nach dem Referat Fragen stellen, auf welche sie selbst oft schon eine Antwort haben bzw. sich leicht erarbeiten könnten. Kurzum: dieser konventionelle Elternabend mit Referat und Fragen erreicht im Grunde die „falschen" Eltern, d.h. die Eltern, bei denen die Bildung nicht am dringlichsten ist. Die „richtigen" Eltern haben erst einmal eine Reihe von Barrieren zu überwinden, ehe sie wirklich von einer Information betroffen werden können[19]. – Trotzdem haben Elternabende ihre Berechtigung und sollen weitergeführt werden, allerdings in anderer Weise. Zunächst ist davon auszugehen, daß der Kindergarten keineswegs für die Gestaltung des Elternabends – auch nicht, wenn es um ein erzieherisches Thema mit evtl. heiklen Fragen geht – immer einen Referenten von außen benötigt. Erstens bekommt man nicht genügend praxisorientierte und -informierte Referenten; zweitens machen sie viel zu oft nur Referate, wo aber Elternarbeit im wesentlichen doch Bildung und vor allem Beratung sein sollte; drittens kennen sie die örtlichen Gegebenheiten und Schwierigkeiten oft zu wenig. Schließlich ist aber die Erzieherin im Kindergarten jemand, der Didaktik und Methodik gelernt und sich mit erzieherischen Fragen auseinandergesetzt hat. Das sind zwei grundlegende Vorbedingungen für die Elternarbeit, so daß man sagen kann: Grundsätzlich jeder, der sie erfüllt, ist in der Lage, Elternarbeit zu tätigen bzw. dies zu lernen. Die Didaktik und Methodik, die man für den Kindergarten gelernt hat, ist nun allerdings eine andere als die für die Elternbildung erforderliche. Aber – und das ist entscheidend – es ist keine total andere; denn in beiden Fällen, d.h. in der Erziehung des Kleinkindes wie auch in der Bildung und Beratung der Eltern, geht es um Vorgänge des Lernens, und das bedeutet Verhaltensänderung. Hier wird also grundsätzlich angenommen, daß die Berufserzieher im Kindergarten befähigt sind oder befähigt werden können – z.B. mit Hilfe des Buches, das Sie jetzt in der Hand halten –, einen Elternabend durchzuführen. Die Hinweise, die dazu gegeben werden, sind flexibel zu handhaben und zu verstehen als Prinzipien, die überall dort zu verlassen und zu durchbrechen sind, wo dies von der Sache her angezeigt scheint.

Die folgenden Fragen müssen Sie bei jeder Elternveranstaltung, die durchdacht und erfolgreich sein soll, stellen:

1. Welche Ziele möchte ich bei den Lernenden erreichen?
2. Welche Inhalte muß ich auswählen und verwenden, um diese Ziele auch tatsächlich zu verwirklichen?
3. Welche Mittel (Filme, Hörspiele usw.) sollte ich einsetzen?
4. Welche Bücher und Aufsätze muß ich lesen, um für den Elternabend fit zu sein?
5. Welche methodischen Überlegungen sind anzustellen, um die Ziele erreichen zu können?
6. Welche anthropogenen Voraussetzungen (Situation, Alter, Geschlecht usw.) der Lernenden sind zu berücksichtigen?
7. Welche Publikationstätigkeiten (Einladungen, Presse usw.) muß ich verrichten, um einen möglichst großen Effekt zu erzielen?
8. Es ist vorteilhaft, einige Tage vor Beginn der Veranstaltung den „didaktischen Katalog“ durchzugehen.

Man kann sich vorstellen, daß etwa alle 7 Wochen ein Elternabend veranstaltet wird. Wichtig ist dabei die Regelmäßigkeit, damit die Eltern sich darauf einstellen. Selbst wenn wir die Elternarbeit am Anfang noch nicht so gestalten, wie es evtl. sein könnte, so müßten wir dennoch das verwirklichen, was schon jetzt möglich ist.

1. Die Ziele des Elternabends

a) Zielformulierung ist notwendig

Wer nicht so recht bedenkt, wohin er will, der darf sich nicht wundern, wenn er irgendwo landet, wo er gar nicht hin wollte. Es geht ihm so, wie dem Seepferdchen, das in die Ferne trabte und jedesmal, nach dem Ziel gefragt, antwortete, es sei unterwegs, um sein Glück zu suchen. Hier ist die Geschichte:

Es war einmal ein Seepferdchen, das eines Tages seine sieben Taler nahm und in die Ferne galoppierte, sein Glück zu suchen. Es war noch gar nicht weit gekommen, da traf es einen Aal, der zu ihm sagte: „Pst. Hallo, Kumpel. Wo willst du hin?" „Ich bin unterwegs, mein Glück zu suchen", antwortete das Seepferdchen stolz. „Da hast du's ja gut getroffen", sagte der Aal, „für vier Taler kannst du diese schnelle Flosse haben, damit kannst du viel schneller vorwärts kommen." „Ei, das ist ja prima", sagte das Seepferdchen, bezahlte, zog die Flosse an und glitt mit doppelter Geschwindigkeit von dannen. Bald kam es zu einem Schwamm, der es ansprach: „Pst. Hallo, Kumpel. Wo willst du hin?" „Ich bin unterwegs, mein Glück zu suchen", antwortete das Seepferdchen. „Da hast du's ja gut getroffen", sagte der Schwamm, „für ein kleines Trinkgeld überlasse ich dir dieses Boot mit Düsenantrieb; damit könntest du viel schneller reisen". Da kaufte das Seepferdchen das Boot mit seinem letzten Geld und sauste mit fünffacher Geschwindigkeit durch das Meer. Bald traf es auf einen Haifisch, der zu ihm sagte: „Pst. Hallo, Kumpel. Wo willst du hin?" „Ich bin unterwegs, mein Glück zu suchen", antwortete das Seepferdchen. „Da hast du's ja gut getroffen. Wenn du diese kleine Abkürzung machen willst", sagte der Haifisch und zeigte auf seinen geöffneten Rachen, „sparst du eine Menge Zeit." „Ei, vielen Dank", sagte das Seepferdchen und sauste in das Innere des Haifisches, um dort verschlungen zu werden[20].

Ähnlich ist es im großen und ganzen mit dem Zieldenken der Erwachsenen- und wohl besonders der Elternbildung bestellt. Man kann in unserer Erwachsenenbildung bis dato kaum sagen, sie bringe nichts, weil man nicht überprüfen kann, ob sie ihre Ziele erreicht, da sie kaum überprüfbare Ziele formuliert. Obwohl man in der freien Erwachsenenbildung evtl. niemals mit der Akribie Ziele formulieren und überprüfen kann, wie dies in der Schulpädagogik angestrebt und großenteils verwirklicht wird, so dürfte es für die Elternbildungsarbeit einen Fortschritt bedeuten, wenn man wenigstens die Ansatzpunkte aus der Didaktik übernimmt, die durchaus brauchbar sind. Und deren gibt es eine Reihe.

b) Nicht alle Ziele sind eindeutig

Lernziele können auf verschiedenen Ebenen der Abstraktion formuliert werden, und sie sind dadurch auch unterschiedlich in ihrer Eindeutigkeit. Es soll einmal unterschieden werden zwischen wenig eindeutigen, relativ eindeutigen und sehr eindeutigen Zielen. Dazu Beispiele: Jemand setzt sich in seiner Elternarbeit vom Kindergarten aus die folgenden Ziele: Eltern sollen nach der Veranstaltung gelernt haben,
- die Bedeutung der Kindergartenarbeit zu verstehen;
- Einblick in den Kindergarten zu besitzen;
- zu wissen, daß in der Gruppe 2 des Kindergartens an jedem Montag um 9.00 Uhr 18 Kinder sich befinden.

Es ist leicht einsehbar: das erste Ziel ist wenig eindeutig, das zweite relativ eindeutig und das dritte sehr eindeutig. Die Lernziele kann man im Hinblick auf ihren Grad an Konkretheit bzw. Abstraktheit (Genauigkeit bzw. Ungenauigkeit) auch bezeichnen als
1. Richtziele (= wenig eindeutige Ziele),
2. Grobziele (= relativ eindeutige Ziele),
3. Feinziele[21] (= sehr eindeutige Ziele).

Beispiele:
1. Richtziel: Die Erzieherin soll lernen, sich in der Arbeit mit Eltern qualifiziert zu verhalten.
2. Grobziel: Die Erzieherin soll lernen, mit Eltern einen demokratischen Umgangsstil zu pflegen.
3. Feinziel: Die Erzieherin soll lernen, daß Sie einen Elternabend fünf Wochen vorher den Eltern durch einen Brief ankündigt.

Bei der Betrachtung der einzelnen Lernziele dürfte nun auffallen, daß man mit den einen mehr, mit den anderen weniger, mit manchen evtl. kaum etwas anfangen kann – so scheint es jedenfalls. Dennoch haben alle drei Arten ihre Bedeutung; es ist eine Eigenart des menschlichen Denkens, daß man sich dabei auf sehr verschiedenen Abstraktionsstufen aufhalten kann. Daß gerade durch Ausdrucksweisen, die den Abstraktionsgrad von Richtzielen (wenig eindeutig) haben, unter Menschen die größten Mißverständnisse entstehen, liegt auf der Hand. Übrigens alle Aussagen in politischen Programmen befinden sich auf dem Abstraktionsgrad von Richtzielen, und insofern ist es kaum möglich zu sagen, eine Partei habe ihr Ziel erreicht bzw. nicht erreicht. Auch der größte Teil der Begriffe in politischen Interviews sind von einer derartig geringen Aussagekraft. Richtziele können bestenfalls „Richtungen“

weisen. Unter einer „qualifizierten Erzieherin“, wenn man dieses Ziel als Beispiel nehmen wollte, könnte der eine dies, der andere jenes verstehen. Für sich allein genommen, ist der Begriff nicht eindeutig.
Ähnlich verhält es sich mit der Zielsetzung in der Elternarbeit. Die abstrakten Richtziele dürfen wohl am Anfang der Überlegungen stehen, müssen aber konkretisiert werden durch Grob- und – wo dies geht – durch Feinziele. Gesetzt den Fall, wir machen einen Elternabend zum Thema „Strafe“, so ist klar, daß wir das Richtziel „Verbesserung der elterlichen Erziehung“ haben; darin kann man gar nicht uneinig sein. Ein einigermaßen aussagekräftiges Grobziel aber wäre „demokratisches Verhalten der Eltern gegenüber ihren Kindern“ oder „Einsicht in den Zusammenhang von gesellschaftlichem System und erzieherischem Verhalten“. Ein eindeutiges Ziel (Feinziel) dagegen läge erst vor, wenn man Eltern befähigen möchte, „ihre Kinder ohne Schlagen und ohne Klaps zu erziehen“.

c) Ziele können sich auf drei Bereiche beziehen:
Wissen, Können, Haltung

Hatten wir bisher die einzelnen Ziele nach dem Grad der Abstraktion bzw. Konkretion unterschieden und eingeteilt, so ist eine weitere Aufteilung nach den Bereichen des menschlichen Individuums, auf die sich die Ziele in erster Linie beziehen, möglich und manchmal nötig. Wir nehmen hier das aus anderen Gebieten bekannte Schema von Wissen, Können und Haltung in dem Bewußtsein, daß dabei hochkomplexe und differenzierte Phänomene vereinfacht dargestellt werden[22]. So kann man solche Ziele in der Elternarbeit als eine gemeinsame Gruppe ansehen, die sich auf eine Erweiterung der Wissensbasis der Beteiligten beziehen. Wenn ich als Ziel verfolge, daß Eltern wissen, daß der Mensch sehr viele Dinge durch Beobachtung lernt (Beobachtungslernen) und andere durch positive und negative Bekräftigung (z. B. Lob und Strafe), so haben wir es mit Lernzielen dieser ersten Art zu tun. Verfolge ich dagegen in der Elternarbeit das Ziel, daß Mütter in der Lage sind, mit einer Gruppe von fünf Kindern ein bestimmtes Vorschulprogramm zu bearbeiten, so gehört dieses Ziel in der. Bereich des Könnens. Will ich dieselben Mütter befähigen, sich mit der zuständigen Erzieherin über den Erfolg der Arbeit an diesem Programm auszutauschen oder mit der Berufserzieherin zu kooperieren, so sind auch diese beiden Ziele der Gruppe des Könnens zuzuordnen. Diese Kategorie von Lernzielen hat es also in erster Linie mit Fertigkeiten und praktischer Anwendung zu tun. Die dritte Gruppe der Lernziele bezieht sich auf die Haltung des Menschen, d.h. auf seine Einstellungen, Werte und Normen. Dazu gehört z.B., wenn in der Elternarbeit sich jemand als Ziel setzt, Eltern zu bewegen, ihr Kind auch im frühen Alter schon als vollwertige Person anzusehen und zu respektieren.

Die drei Lernzielbereiche gehen ineinander über, und es ist nicht so, als könne man beim lernenden Menschen Wissen, Können und Haltung exakt voneinander trennen. Ihre Bedeutung gewinnt diese Aufteilung z.B. dann, wenn man erklären will, daß verändertes Wissen noch keineswegs ein verbessertes Können im Sinne eines korrigierten Verhaltens bedeuten muß, und sogar in der Regel nicht bedeutet. Der „autoritäre" Vater kann sehr wohl von den negativen Folgen seines Erziehungsstils wissen, und dennoch ist er nicht in der Lage, seine Haltung und sein beobachtbares Verhalten zu ändern: er brüllt evtl. trotzdem sein Kind an und behandelt es repressiv. Dieser Aspekt spielt beim methodischen Vorgehen in der Elternarbeit eine sehr wichtige Rolle.

Wenn übrigens hier von „Lernzielen" gesprochen wird, so ist damit ein freier und offener Lernbegriff gemeint. Wir sollten uns also nicht scheuen, auch in der Erwachsenenbildung klare Ziele zu formulieren und den Lernenden zu nennen. Wir haben damit aber noch nichts darüber ausgesagt, wie und (!) ob überhaupt der Beteiligte das Ziel erreichen will. Das muß man mit ihm ausmachen. Nur dürfte es meist ehrlicher sein, ihm das Ziel deutlich vorzustellen.

2. Die Inhalte des Elternabends im Zusammenhang mit den Zielen

Über die Inhalte des Elternabends wird hier an zweiter Stelle gesprochen, also nach den Zielen. Diese Reihenfolge ist systematisch richtig und notwendig. Es leuchtet jedem ein, daß erst einmal festliegen muß, was man erreichen möchte, bevor eine Einigung darüber entsteht, was einzusetzen ist. Dieses „Was" sind die Inhalte, die, streng genommen, also erst nach der Zielfestsetzung reflektiert werden können.

Daß diese Systematik nicht immer verwirklicht wird und wohl auch nicht immer (!) eingehalten werden muß, zeigt uns die Praxis. Es kann z.B. durchaus auch einmal sinnvoll sein, von Inhalten auf

Ziele zu schließen. Die Erzieherin, die durch irgendeinen Zufall den Film „Kummer und Gram" (René Spitz), der ja bestimmte Inhalte enthält, kennengelernt hat und dabei auf die (gute!) Idee kommt, „darüber einen Elternabend zu machen", tut keineswegs etwas didaktisch Unerlaubtes. Allerdings darf dann bei der Konzeption des Elternabends die Zielreflexion trotzdem nicht fehlen. Wäre das der Fall, so läge didaktisch ein Fehler vor; man würde sonst in die Seepferdchensituation geraten und evtl. am Schluß verschlungen werden, vom Haifisch – oder von sonst jemand. Wer will denn das schon? Machen wir also keine Seepferdchenmethodik!

Wir müssen also bedenken, daß es Inhalte an sich, d.h. losgelöst von allem anderen, in der Elternbildung niemals gibt. Sinnvoll ausgewählte oder auzuwählende Inhalte kann es immer nur im Hinblick auf ein ganz bestimmtes Ziel geben, das man bei bestimmten Menschen erreichen möchte. Damit man nun aber die Lehrinhalte auswählen kann, müssen Ziele vorliegen, die – soweit dies möglich ist – eindeutig formuliert sind. Ziele auf der Abstraktionsstufe von Richtzielen können eben nur die Richtung der auszuwählenden Inhalte angeben. Für die Auswahl der Inhalte sollte man die Ziele nach Möglichkeit mindestens auf der Konkretionsstufe 2, d.h. als Grobziele, formuliert haben.

Ein Ziel, das so formuliert ist, daß es einigermaßen eindeutig und unmißverständlich ist, läßt eine sinnvolle inhaltliche Auswahl zu; man kann damit arbeiten, und deshalb bezeichnen wir dieses Ziel als operationalisiert. Ein operationalisiertes Ziel ist also von der Art, daß man angemessen damit umgehen kann und daß nicht jeder etwas anderes darunter versteht. Derartig formulierte Ziele gibt es in unserer gegenwärtigen gesamten pädagogischen Praxis viel zuwenig, und man darf sagen, daß das einer der wundesten Punkte des Theorieverständnisses in der Praxis ist.

Auf die Frage, nach welchem Kriterium die Inhalte für einen Elternabend auszuwählen sind, läßt sich kurz antworten: nach dem Merkmal der Zielangemessenheit, d.h., der Inhalt ist dann sinnvoll, wenn damit aller Wahrscheinlichkeit nach die gesetzten Ziele erreicht werden. Es ist klar, daß weitere Momente dabei eine Rolle spielen, z.B. die Frage, ob die Inhalte für die Lernenden interessant und adäquat sind. Auf diesen Punkt gehen wir weiter unten ein, wenn über die sogenannten anthropogenen Voraussetzungen die Rede sein wird.

Sehr oft ist in der modernen Lernzieldiskussion die Rede davon, daß Lernziele in der Art formuliert werden müßten, daß sie *grund-*

sätzlich überprüfbar sind, d.h., man müsse nach dem Lernprozeß kontrollieren können, ob bei der Person, die lernen wollte bzw. sollte, das Ziel erreicht sei oder nicht. Das wäre natürlich nur bei streng operationalisierten, also ganz eindeutigen Zielen möglich. Die Forderung nach Effektivitätskontrolle hat nun sicher in der Schulpädagogik ihre besondere Bedeutung. In der Erwachsenenbildung trifft man aber damit bald auf Grenzen. Die Überprüfung dessen, ob der Lernende und damit auch der Lehrende sein Ziel erreicht habe, wird aus der Sicht des Lernenden nämlich sehr schnell als repressiv interpretiert. Wie problematisch dies z.B. für die Elternarbeit vom Kindergarten aus sein kann, braucht nicht eigens betont zu werden. Wir sind bei uns noch keineswegs so weit, daß wir ohne jeden Widerwillen Befragungen zu allem und jedem über uns ergehen lassen, obwohl sich in diesem Punkt gerade bei jüngeren Menschen schon manches geändert hat. Prinzipiell wäre es in vielen Fällen möglich, mit Hilfe von Testmaterial am Ende eines Elternabends die Eltern daraufhin zu kontrollieren, ob man bei ihnen seine Lernziele erreicht hat oder nicht, jedenfalls was den Bereich der Ziele auf der Wissensbasis angeht. Das setzt natürlich voraus, daß vorher der Wissensstand der Eltern getestet worden ist. Aber auch das wäre möglich mit Hilfe von bestimmten Testaufgaben. Große Schwierigkeiten indessen ergeben sich für den Bereich der Haltung bzw. Einstellung und in dem Bereich des Könnens. Abgesehen von den sachlichen Schwierigkeiten und den emotionalen Sperren von seiten der Eltern, ist der personelle Aufwand zu hoch, um dies leisten zu können. Daß damit die Elternbildung auch ihre Dynamik in der Praxis verlieren könnte, ist deutlich, und das ist eine große Gefahr. Die Elternbildung befindet sich nun mal nicht in einer Schulsituation. Eltern kommen in der Regel freiwillig und lassen sich nicht gerne daraufhin kontrollieren, ob sie etwas gelernt haben.
Die Einsicht in diese Schwierigkeiten kann aber nicht als Konsequenz haben, daß man auch die sinnvollen Ansätze der modernen Didaktik und vor allem der Lernzieldiskussion nicht beachten sollte. Im Gegenteil: in der Elternarbeit vom Kindergarten aus sollten wir alle brauchbaren Möglichkeiten ausnutzen, die uns aus der didaktischen Diskussion angeboten werden. Wir übernehmen also für die Erarbeitung der Inhalte im Zusammenhang mit den Zielen das, was auch für unsere Arbeit nützlich und sinnvoll ist.

3. Die Verwendung der Medien am Elternabend

Die Medien, die am häufigsten beim Elternabend Verwendung finden, sind wohl der Film, das Hörspiel (Schallplatte oder Tonband), die Tafel, der Projektor, schriftliches Material usw. Was man sonst noch begrifflich alles zu den Medien rechnet und wie man sie einteilt, ist eine Ansichtssache und braucht hier nicht diskutiert zu werden[23]. Medien (= Mittel, Mittler, Träger) haben immer Übermittlungsfunktion, sie vermitteln eine bestimmte Sache bzw. einen bestimmten Inhalt.

Der Elternabend, den wir veranstalten, soll möglichst effektiv sein, und genau deshalb wird ein Medium eingesetzt. Es hilft uns, das noch besser „an den Mann" zu bringen, was wir uns zum Ziel gesetzt und wozu wir dementsprechende Inhalte ausgewählt haben. Wenn man sich manchen Referenten beim Vortrag ansieht, dann kann man den Eindruck haben, daß sich für die Hausfrau in der Küche mehr geändert hat als für den Erwachsenenbildner bei seiner Tätigkeit. Bei vielen ist anzunehmen, sie wüßten gar nicht, daß es Medien gibt. Wenn man Elternarbeit und effektive Erwachsenenbildung betreiben will, bei der möglichst viel gelernt wird, dann benutzt man auch technische Mittler. Ein Beispiel, das den Effektivitätsvorsprung des technischen Mediums verdeutlichen kann. Formuliere ich für einen Elternabend das Ziel: Die Eltern sollen einsehen, daß ein Kind einen nur schwer wiedergutzumachenden Schaden leidet, wenn die Zuwendung von seiner Bezugsperson im ersten Lebensjahr unter ein bestimmtes Mindestmaß herabsinkt – Hospitalismus oder Deprivationssyndrom –, so kann ich das dadurch erreichen wollen, daß ich die Untersuchung von Spitz mündlich referiere. Ich kann dieses Ziel aber auch dadurch zu erreichen versuchen (und dabei dürfte die Wahrscheinlichkeit des Gelingens wesentlich größer sein), daß ich den sehr eindrucksvollen Film „Kummer und Gram" von R. Spitz einsetze.

Das Medium allein aber, und mag es ein noch so ansprechender Film sein, ist keineswegs eine Garantie für Erfolg. Selbstverständlich muß es dem zu vermittelnden Inhalt und damit zugleich dem intendierten Ziel angemessen sein. Medieneinsatz muß also sinnvoll sein, sonst wirkt er lächerlich, und der Teilnehmer Ihres Abends gewinnt den Eindruck, als hätten Sie unbedingt auch noch einen Film bringen wollen. Die didaktische Intention (Zielsetzung) des Autors des betreffenden Mediums muß schon einigermaßen mit Ihrem Lernziel übereinstimmen.

Eine Reihe der Vorteilsmerkmale, die im Zusammenhang mit der

Frage nach den modernen Mittlern genannt werden und sich in der Hauptsache auf Medien für den Schuleinsatz beziehen, treffen auch für die in der Elternbildung einzusetzenden Filme, Hörspiele usw. zu, z. B.: die *Intensivierung* der Informationsübermittlung (s. unser Beispiel „Hospitalismus"); auch die *Objektivierung* der Lehrinhalte. Die Aufnahme von Inhalten in Medien wird in Zukunft in der Regel im Team vor sich gehen, und damit sind sie dem subjektiven und dem durch das individuelle Vorverständnis verstellten Zugriff des einzelnen entzogen; ähnlich verhält es sich mit der *Perfektion* der Darbietung; es ist ja keine besonders leichte und von jedermann in hervorragender Weise leistbare Sache, sich einen neuen Sachverhalt selbst zu erarbeiten und auch dann noch perfekt zu tradieren. Auf Medien gespeicherte Inhalte sind darüber hinaus nahezu beliebig oft *reproduzierbar*.
Wer mit Medien arbeiten will, muß die *Quellen* kennen, wo er sie erhält. Das ist die erste Vorbedingung. Für Filme, Hörspiele und Diareihen kommt in erster Linie die Kreis- und Landesbildstelle, die in fast jeder größeren Stadt existiert, in Frage. Diese Stellen verfügen inzwischen auch über ein ganz ansehnliches Repertoire an Medien zu pädagogischen Themen. In dem Verzeichnis der Bildstelle Baden kann man 200 Titel (Filme, Hörspiele, Diareihen) zu Themen pädagogischer Art finden. Darüber hinaus gibt es aber auch Medienzusammenstellungen zu bestimmten Themenkreisen, so z.B. zum Thema „Fernseherziehung" die Zusammenstellung des Evangelischen Landesarbeitskreises „Jugend und Welt" in Württemberg, veröffentlicht in: U. Beer, Bildung vom Bildschirm, Tübingen 1969, S. 89ff; oder zum Thema „Sexualerziehung" die wertvolle Zusammenstellung von F. Ecker und F. Weger, Sex unter der Lupe, Hükkeswagen 1971 (Robor-Verlag); zu einer Reihe von Themen über Probleme der Heimerziehung und anderen Bereichen der Jugendhilfe veröffentlichte die Zeitschrift Sozialpädagogik (6, 1972) eine auch für die Elternarbeit vom Kindergarten aus brauchbare Zusammenstellung von wertvollen Filmen.

Auch möchte ich die für die Elternarbeit eigens entwickelten Filme erwähnen, die vom Institut für Film und Bild, 8022 Grünwald-München, Bavaria-Film-Platz 3, produziert wurden:
- Die Angst des Kindes vor dem Alleinsein
- Wollen wir mal Vater, Mutter, Kind spielen
- Zank und Streit in der Kindergruppe
- Was lernt das Kind im Kindergarten
- Eltern und Erzieher – was erwarten sie voneinander
- Wer wird denn da so neugierig sein

- Trotz
- Lernt das Kind im Spiel oder wozu ist das Spiel sonst da
- Sprache – da versteh' einer die Erwachsenen
- Wie rede ich mit meinem Kind – dargestellt am Beispiel von Sexualität und Eifersucht
- Strafe – oder wie mache ich es denn nun richtig
- Drohungen
- Ordnung ist das halbe Leben ..., und was ist die Hälfte
- Schule – beginnt da der Ernst des Lebens
- Schule – jetzt macht Lernen keinen Spaß mehr

Auch die folgende scheinbare Selbstverständlichkeit muß genannt werden: ein Medium kann nur sinnvoll eingesetzt und ausgewählt werden, wenn man es inhaltlich kennt. Deshalb ist jeder Film und jedes Hörspiel sowie jede Diareihe, nicht erst kurz vor Beginn der Veranstaltung, sondern bereits bei der Planung, kritisch anzuschauen. Es passiert sonst die Peinlichkeit, die sich bei einem Vortrag mit Film zutrug: erst kam der Vortrag, dann der Film. Eine ganze Reihe von Passagen des Filmes deckte sich aber inhaltlich genau mit dem Vortrag, und zu diesem wurde keinerlei zusätzliche Information geliefert. Peinlich ist auch, wenn eine Tondiareihe verwendet wird, bei der von der Bildstelle zum früheren (unveränderten) Text neue, nicht mehr passende Bilder gelegt worden sind. Dies sollte man nach Möglichkeit vor der Veranstaltung feststellen. Die Technik, d. h. alles, was zum Einsatz des Mediums gehört, soll so rechtzeitig eingerichtet sein, daß es bei dem Elternabend keine Störung und Unruhe verschafft. Man muß ungefähr wissen, wie lange dazu benötigt wird. Wichtig ist, daß die Technik vor Beginn der Veranstaltung eingerichtet und ausprobiert ist. Meist geht es schief, falls Sie das Gerät erst herrichten, wenn Ihnen 30–40 Teilnehmer zuschauen und gespannt auf den Anfang warten. Diese Störungen müssen durch gezielte Planung vermieden werden.

4. *Wie man sich in ein Thema einarbeitet – Bücher und Aufsätze zur pädagogischen Fitneß*

In die Thematik des Elternabends sollte man sich gründlich einarbeiten. Das ist vor allem nötig, wenn die Veranstaltung in „Selbstaktion" durchgeführt wird und nicht durch einen außenstehenden Referenten. Von diesem Fall wollen wir hier ausgehen. In Studium und Ausbildung haben wir in der Regel nicht gelernt, wie man Bücher und Aufsätze wirklich mit Gewinn liest. Auch heute sind die Ausbildungsstätten, an denen eine systematische Einführung in das geistige Arbeiten und dabei ein Training zu effektivem Lesen stattfindet, noch die Ausnahme. Derartige Kurse ließen sich aber relativ leicht durchführen. Will man sich selbständig in ein Thema einlesen, so ist der schnellste und im allgemeinen auch der erste Weg – abgesehen davon, daß man vorher in seinem eigenen *Bücherschrank* nachgesehen hat – der in die *Buchhandlung*, insofern eine am Ort ist. Hier wird man sich erkundigen, ob es zu dem Thema, das behandelt werden soll, evtl. preiswerte Taschenbücher gibt. Diese sollte man für sich privat kaufen, da sie sonst nicht mit dem Bleistift bearbeitet werden können. Dann wird man ein pädagogisches *Lexikon* zur Hand nehmen und unter den entsprechenden Artikeln aufschlagen. Das Lexikon hat in der Regel auch weiterführende *Literaturangaben*, die meist am Ende der Artikel stehen. Ein gutgeführter Kindergarten müßte ein größeres pädagogisches Lexikon sowie überhaupt eine angemessene Anzahl von pädagogischen Fachbüchern besitzen. Es gibt auch die Möglichkeit, sich an eine *große Bibliothek* zu wenden und Literatur zum Thema anzufordern. In Baden-Württemberg kann z. B. jeder Erzieher für sein Fachgebiet Literatur bei der Pädagogischen Zentralbibliothek, 7 Stuttgart, Paulinenstr. 28, gebührenfrei benutzen. Eine Außenstelle ist in Mannheim, E 2,1. Ähnliche Einrichtungen wird es auch in anderen Bundesländern geben. Weiter besteht die Möglichkeit, daß man sich direkt an *Fachleute* (Dozenten an Fach- und Fachhochschulen, Pädagogischen Hochschulen, Universitäten) mit der Bitte um Literaturangaben wendet. Das geschieht am besten telefonisch, da sonst die Anfrage Gefahr läuft, auf dem Schreibtisch des Dozenten liegen zu bleiben. (Das Gespräch geht natürlich als Dienstgespräch auf Kosten des Kindergartens, für den ja auch der Elternabend durchgeführt wird.) Man legt sich am besten zu jedem Thema einen *Schnellhefter* oder eine Mappe an. Diese Arbeit sollte etwa 6–7 Wochen vor dem Elternabend beginnen. Es ist oft auch günstig, wichtige Zeitschriftenartikel zu kopieren. Dann besitzt man sie und kann sie entsprechend bearbeiten. Bücher und Aufsätze sollten wir mit dem Bleistift lesen; dann haben wir etwas davon. Ich will im folgenden zeigen, wie man ein Buch oder einen Aufsatz exzerpiert, d. h. wie man das Wichtigste „*herauspflückt*", ohne daß dabei etwas herausgeschrieben werden muß: das Exzerpt (der Buchauszug bzw. -extrakt) wird ins Buch gemacht. Das geht so: Sie lesen einen Absatz in Ihrem Buch und halten dann ein paar Sekunden ein, in denen Sie sich fragen, was der Kerngedanke des gelesenen Abschnitts ist. Da der Kerngedanke meist in *einem* Satz besonders deutlich ausgedrückt ist, suchen Sie diesen Satz heraus und unterstreichen ihn. Diese Methode

des Gedankenexzerpierens ist am Anfang ein wenig zeitraubend, bringt dem Leser aber wesentlich mehr. Sie ist deshalb möglich, weil Buchabschnitte meistens auch so entstehen, daß der Autor einen Gedanken hat und diesen in einem Abschnitt beschreibt. Bei der Lektüre muß der Leser kritisch und aufmerksam sein! Nicht nur damit ihm nichts Falsches „verkauft“ wird, sondern auch zum Zwecke des besseren Merkens und Behaltens. Er tut gut daran, diskutierend mit dem Verfasser der betreffenden Literatur umzugehen, d. h., man muß passagenweise „gegen den Autor“ lesen und ihn immer wieder fragen, wie er denn zu dieser oder jener Behauptung komme. Wer bei der Lektüre eines Buches keine Fragen hat bzw. entwickelt, dürfte im allgemeinen keinen großen Gewinn davon haben. Als nützlich könnte man es sich auch vorstellen, wenn mehrere Erzieherinnen des Kindergartens gemeinsam an einem Thema arbeiten und dann einzelne Fragen und Probleme miteinander besprechen.
Bei der Vorbereitung des Elternabends wäre die Literatur auf jeden Fall auch unter der Fragestellung zu studieren, was davon man evtl. den Eltern empfehlen könnte und sollte. Daß dabei Verständlichkeit, Preis usw. eine wichtige Rolle spielen, braucht nicht eigens erwähnt zu werden. Eine gute Möglichkeit ist auch, sich bei einer Buchhandlung einige Buchexemplare auf Kommission geben zu lassen, die dann den Eltern bereits am Elternabend oder in den nächsten Tagen im Kindergarten verkauft werden können. Die „richtigen“ Eltern des Kindergartens haben im allgemeinen Sperren zu überwinden, ehe sie in den Buchladen gehen und nach einem Buch fragen. Diesen Weg kann der Kindergarten erleichtern.
Schließlich wird man bei der Erarbeitung der für das Thema relevanten Literatur auch fragen, welche Teile bzw. Auszüge daraus evtl. für die Hand der Eltern vervielfältigt werden könnten, was man evtl. als Medium (zusammengefaßte Thesen o. ä.) am Elternabend benutzen oder in den Elternbrief bringen sollte.

Literaturhinweis für eine weitere Beschäftigung mit Fragen des geistigen Arbeitens:– U. Beer, Methoden der geistigen Arbeit, Tübingen 1966.
– W. F. Kugemann, Kopfarbeit mit Köpfchen, München 1966.
– F. Pachtner, Richtig denken – richtig arbeiten, München 1953.

5. *Methodische Überlegungen zum Elternabend*

Gelingen und Erfolg des Elternabends hängen von vielen Faktoren ab. Eine sehr wichtige Rolle spielt dabei das methodische Vorgehen. Methoden sind nur im Gesamtzusammenhang als eher ange-

messen bzw. als eher unangemessen zu bezeichnen. Zu diesem Gesamtzusammenhang gehören als bestimmende Momente die betroffenen Menschen, der zu bearbeitende Stoff sowie die zu erreichenden Ziele. Von „falschen" bzw. „richtigen" Methoden zu sprechen ist problematisch. Wir sollten daher eher von zieladäquaten bzw. zielinadäquaten Methoden sprechen. Man kann z.B. in dem Fall, wo die Eltern zu einem emanzipatorischen Verhalten gelangen sollen und dazu die Methode des Frontalvortrags angewendet wird, von einer zielinadäquaten Methode sprechen, da hier das Gegenteil von dem erlangt wird, was man als Ziel vorgibt.
In den folgenden Darlegungen sollen einige Methoden, wie man sie an Elternabenden anwenden kann, besprochen und auf ihre Vor- und Nachteile hin untersucht werden. Der Autor ist der Meinung, daß in einer Demokratie, in der Menschen mitdenken und mitbestimmen sollen, prinzipiell demokratischere Formen in der Elternbildung (z.B. die Gruppenarbeit) vorzuziehen sind gegenüber anderen (z.B. dem Vortrag), die von sich aus immer schon autoritär sind. Das Einwegreferat ist nicht schlechthin abzulehnen, muß aber den zentralen Platz, den es bislang in der Erwachsenenbildung im Bereich des Kindergartens gehabt hat, verlieren.
Folgende Methoden sollen besprochen werden: der Vortrag, die Impulsmethode, die Gruppenarbeit, das Gespräch, das Interview und das Elternseminar. Vorher werden aber noch einige Ratschläge zur Begrüßung der Eltern und zur Vorstellung des methodischen Verlaufs gegeben.

a) Begrüßung und Verabschiedung der Eltern

Keineswegs ist es jedermanns Sache, vor einer Elterngruppe eine flüssige und zackige Begrüßungsrede zu halten. So kann es auch nicht erwünscht sein. Die Erzieherin wird sich aber dennoch, soweit es nötig und erfolgbringend ist, in ihrem Verhalten an einigen Formalitäten orientieren müssen. So sehen es die meisten Eltern gern, wenn die Kindergärtnerin sie persönlich begrüßt und ihnen dabei die Hand gibt; weil es Atmosphäre schafft und die Eltern sich damit akzeptiert fühlen, sollte man es tun und mit den Eltern sich jeweils ganz kurz unterhalten.
Die Eltern erwarten aber auch noch einmal eine wenn auch kurze Begrüßung der Gesamtgruppe. Diese müßte man vorher bedenken und stichwortartig (!) zusammenstellen. Ich will hier einen *Elementkatalog* zeigen, an dem dic Erzieherin sich bei der Vorbereitung der Elternbegrüßung und Verabschiedung orientieren kann:

Begrüßung der Eltern:

- Anrede (Liebe Eltern...)
- Begrüßung und Willkommensausdruck
- Versuch der positiven Einstimmung:
  evtl. Äußerung der Freude darüber, daß die Eltern gekommen sind;
  evtl. Äußerung des Dankes für irgendeine Elternbeteiligung;
  evtl. Äußerung der Angewiesenheit auf Elternmitarbeit;
  evtl. Hinweis auf positive Begebenheit im Kindergarten: neues Spielzeug bzw. -gerät, Verbesserung der Personallage, offener Kindergarten, überwundene Schwierigkeit, z. B. Kinderkrankheit, usw.
- Hinweis auf Verlauf der Veranstaltung:
  evtl. inhaltlich, methodisch;
  evtl. Ziele nennen, z. B. auch daß sich die Eltern kennenlernen sollen.
- Begrüßung des Referenten (wenn der Elternabend nicht in Selbstaktion durchgeführt wird).

Folgende Momente sind besonders zu beachten:

1. Die Elternbegrüßung darf nicht zu lang sein! (Besonders wenn ein Referent da ist.)
2. Sie ist freundlich und offen, nicht als „Rede" zu gestalten!
3. Man sollte sich in jedem Fall auf einem kleinen Merkzettel Stichpunkte notieren!

Verabschiedung der Eltern:

Auch wenn ein Referent den Elternabend gestaltete, sollte die Gruppenerzieherin das Schlußwort haben. Dieses kann enthalten:

- Ausdruck des Dankes gegenüber den Eltern für ihre Aktivität;
- Hinweise und Einladungen zu weiteren Veranstaltungen und Ereignissen des Kindergartens (Feste, Sprechstunde, Bücher- und Zeitschriftenstand usw.);
- Eltern als Multiplikatoren ansprechen, von denen die Ergebnisse des Abends weitergegeben werden an andere Eltern;
- Dank an den Referenten;
- Verabschiedung (Gute Nacht!...).

b) Vorstellung der Inhalte und Methoden

Es dürfte eine Selbstverständlichkeit sein, daß man den Eltern am Elternabend kurz bekannt gibt, wie man mit ihnen „umgehen"

möchte, d.h., sie sollten in der Regel die Inhalte und die Methoden, in manchen Fällen auch die Ziele, kurz kennenlernen und grundsätzlich dazu Stellung beziehen können bzw. um ihr Einverständnis gefragt werden. Dabei ist auch der Hinweis angebracht, daß man die Eltern nicht verschulen wolle, sondern ihnen einen effektiven Elternabend ermöglichen möchte. Meine eigene Erfahrung lehrt mich, daß Eltern sich über diesen methodischen Schritt am Anfang der Veranstaltung oft verwundert zeigen und so gut wie keine Kritik üben. Das ist deshalb verständlich, weil sie niemals gelernt haben, ein Programm konstruktiv in Frage zu stellen und evtl. zu verändern. Die anpassende Reaktion der Eltern in diesen Fällen mag aber auch darin begründet sein, daß man beim Vorstellen von Programm und Methode nur einen sehr verkürzten Einblick hat in das, was evtl. auf einen zukommt. Es kann aber auch daran liegen, daß man grundsätzlich nicht mehr große Absichten hat, gegen etwas zu opponieren, wenn man nett gefragt wird und dadurch evtl. noch den Eindruck gewinnt, man sei nicht übergangen, sondern aktiv an der Entscheidung beteiligt worden. De facto zeigt sich aber auch immer wieder – übrigens nicht nur bei Eltern, sondern das gleiche findet man auch bei Lehr- und Fortbildungsveranstaltungen aller Richtungen und Ausbildungsebenen –, daß eine inhaltliche und methodische Vorbemerkung im Hinblick auf eine positive Motivation und Einstimmung sehr vorteilhaft ist.
Ebenso wichtig wie die Vorstellung der Inhalte und Methoden ist in der Elternarbeit die *Erhebung der Motivation*, die, vom Systematischen aus betrachtet, grundsätzlich am Anfang stehen müßte. Man läßt dabei die teilnehmenden Eltern kurz den Grund nennen, weshalb sie in diese Veranstaltung gekommen seien, und versucht von ihnen zu erfahren, welche Erwartungen sie an die Veranstaltung haben. Dieses Vorgehen ist natürlich nur bei einer teilnehmerzentrierten Arbeit mit relativ kleinen Gruppen möglich.

c) Der Vortrag

Der herkömmliche Vortrag, wie er in der Elternbildung vom Kindergarten aus noch vielfach Anwendung findet, hat einige (teilweise allerdings nur vermeintliche) Vorteile. Wir wollen vier Momente herausstellen:
- Vorbereitung des Referenten;
- Absprache mit der Institution;
- Kompakte und rasche Information;
- Eindruck der Teilnehmer.

Vorträge haben für den Referenten zunächst den Vorteil, daß sie am Schreibtisch „gemacht“ werden können und dann nur noch gehalten werden brauchen. Das ist im Grunde ein sehr einfaches Muster. Wird das Thema erneut irgendwo benötigt, so wird der Vortrag bzw. das Referat wieder „abgespielt“. Natürlich dasselbe vor einem eventuell ganz anderen Publikum. Ein gehöriges Quantum der gehaltenen Referate könnte man durchaus lassen, ginge man einmal vom tatsächlichen Lerneffekt, nicht aber von der „Festlichkeit“ aus. Ein weiterer Vorteil für den Referenten und den Veranstalter (hier der Kindergarten) ist, daß man kaum Arbeit mit gegenseitiger Absprache hat. Antworten auf die Fragen, wie alt und wie progressiv die Teilnehmer seien und wieviel wohl kommen würden, kann man sich in wenigen Minuten am Telefon geben lassen, wobei die letzte Frage sowieso keine Rolle spielt; denn seine „Platte“ kann man genauso vor 500 wie vor 100 Teilnehmern ablaufen lassen. Aber da haben wir nun in der Tat einen echten Vorteil: mit einem Vortrag und einem Referenten kann ich im Prinzip beliebig viele Menschen erreichen und diesen allen eine rasche und kompakte Information geben. Allerdings immer vorausgesetzt, es ist eine Information; das bedeutet nämlich, daß der Empfänger (Zuhörer) etwas Neues, das ihm also bis dahin noch unbekannt war, erfahren muß. Man könnte also von einem sogenannten multiplikativen Vorteil sprechen. – Der Vortrag kann aber auch neben den Vorteilen für Referent und für Veranstalter und neben dem multiplikativen einen didaktischen Vorteil haben: erwarten doch die allermeisten Teilnehmer, die ja größtenteils während ihrer gesamten schulischen und beruflichen Sozialisation frontale Lehr- und Lernmethoden kennenlernten, daß bei der Bildungsveranstaltung „jemand kommt und was bringt und bei den Zuhörern gut ankommt“.

Genau das erwarten (die meisten?) Eltern zunächst auch am Elternabend; daß nämlich ihnen etwas gesagt wird, sie sich das Ihrige „heraushören“ und dann nach Möglichkeit ungestört nach Hause gehen können. Hier liegt aber auch die Sinnwidrigkeit vieler Veranstaltungen; denn es darf wohl bezweifelt werden, ob sich dabei der Aufwand, gemessen am wirklichen Lerneffekt (= Verhaltensänderung), lohnt. Die Gefahr ist zu groß, daß diese Eltern durch selektives Hören und Erkennen sich nur in ihren Vorurteilen bestätigen lassen und dann alles beim alten bleibt. Das kann nicht der Sinn von Elternarbeit sein, da diese grundsätzlich auf Verbesserung – und das heißt Veränderung – vor allem des Verhaltens aus ist. Sieht man aber einmal von dem „reinen“ Vortrag ab, so

kann man in einem kurzen Einleitungsreferat durchaus Vorteile entdecken: z. B. begriffliche Abklärung, Äußerung von mehr oder weniger provokativen Thesen usw. Daneben aber auch den didaktischen Vorteil der Einstimmung und Motivierung; denn wenn schon der größte Teil der Eltern erwartet hat, daß ihnen nur etwas gesagt wird, sie aber nicht aktiv mitwirken wollen an diesem Abend, so ist es kein Fehler, jedenfalls im Sinne eines zu ermöglichenden Lernvorganges, wenn sie (mindestens scheinbar) in diesen Erwartungen und Ansichten zunächst nicht enttäuscht werden. Deshalb kann es durchaus ratsam sein, eben auch aus diesem motivationalen und didaktischen Beweggrund den Eltern „etwas zu bringen". Gerade diese Eltern sagen nämlich sonst: „Was hat er denn überhaupt gebracht?", und sind frustriert.
Spricht man von Vorteilen und Nachteilen einer Methode, so ist das Kriterium, an dem zu messen ist, die Frage, ob der Adressat der Veranstaltung das Ziel, zu dem er gelangen sollte, erreicht oder nicht. Allein von diesem Aspekt her betrachtet, fällt es schwer, überhaupt Vorteile an der Methode des Vortrages zu finden. Im folgenden wird gezeigt, daß die Argumente *gegen* den Vortrag deutlich überwiegen. Als negative Momente müssen gesehen werden:
- Referenten bzw. Dozentenzentriertheit;
- Einwegkommunikation;
- keine Individualisierung und Differenzierung;
- Reduzierte Nachhaltigkeit/Aktivierung;
- Fragestellungen fehlen/Problembewußtsein;
- Eindruck des Geschlossenen und Abgerundeten.

Geht man davon aus, daß eine Bildungsveranstaltung grundsätzlich um des Adressaten willen durchgeführt werden sollte, so finden wir beim Vortrag das äußerst negative Moment, daß er nur *referenten- bzw. dozentengesteuert* ist und sich in seinem Fortgang nicht bzw. nur in sehr geringem Maße am Lernenden orientieren kann. Beim Vortrag bildet der Referent das Zentrum, statt daß man die Lernenden in den Mittelpunkt stellt und von diesen ausgeht. Wer einen Vortragsabend einer Volkshochschule zu einem bestimmten Thema besucht, hat keine Chance, etwas zum Verlauf ändernd beizutragen. Im übrigen weiß er bei vielen Themen nicht einmal, was sich alles dahinter verbergen könnte, und muß deshalb einfach abwarten. Der Zuhörer zahlt seine DM und nimmt, was er kriegt – oft aber nicht, was er will und braucht. Der Referent bringt, was er möchte und was er für richtig hält.

In der Kommunikationswissenschaft ist heute vielfach die Rede von einer sogenannten *„Einweg-"* bzw. *„Einbahnkommunikation"*. Damit ist gemeint, daß es zwar hier einen Absender und einen Empfänger einer Nachricht bzw. Information gibt, daß aber die Möglichkeit der Rückmeldung ausgeschlossen ist. Das liegt nun in idealtypischer Form beim Referat vor, bei dem nicht Fragen und Einwände zugelassen werden. Beim einbahnkommunikativen Vortrag besteht keine Möglichkeit der Rückfrage bzw. der Rückmeldung, sondern man geht davon aus, daß einer wissend ist und die andern erst zu informieren habe. Damit ergibt sich eine ziemlich große Abhängigkeit auf der einen Seite und ein großer Machtzuwachs auf der anderen. Es dürfte auch zugleich deutlich werden, daß wir es bei der Einwegkommunikation des Vortrags mit einer an sich autoritären Form des Lehrens zu tun haben, die von sich aus keineswegs zum Abbau von autoritären Verhaltenstendenzen in der Elternbildung beiträgt, sondern eher das Gegenteil erreicht: Vertiefung und Erweiterung von undemokratischen Einstellungen. Soll aber Elternbildung bzw. -arbeit einen befreienden Effekt haben, so wird es mit der konventionellen Vortragsmethode problematisch.
Der Vortrag hat einen weiteren Nachteil, wird er am Prinzip des *Individualisierens* bzw. *Differenzierens* gemessen. Die an einer Veranstaltung teilnehmenden Eltern des Kindergartens sind in der Regel alles andere als eine homogene Gruppe. Die Eltern kommen vielmehr aus den verschiedensten sozialen Schichten, d. h. mit sehr verschiedenen Einstellungen, Überzeugungen und Wissensstrukturen. Deshalb muß der didaktische Grundsatz des Individualisierens Anwendung finden, was bedeutet, daß man verschiedene Angebote macht (differenziert) und so dem einzelnen Teilnehmer eher gerecht wird (individualisiert). Doch das ist beim Vortrag nicht möglich. Beim Vortrag kommt nur die imaginäre Person auf ihre Kosten, die der Referent zu Hause an seinem Schreibtisch bei der Abfassung des Referates vor sich gesehen hat. Da diese in ihrer Art aber im wesentlichen von der Ansicht und Erfahrung des Referenten selbst abhängt, kann man beim Vortrag in vielen Fällen durchaus von einer Selbstdarstellung sprechen.
Aber auch der *Lernertrag* – sei es im Hinblick auf eine Veränderung des Wissens, des Könnens oder der Einstellung – ist beim Vortrag im allgemeinen zu gering. Der Zuhörer hat ja keinerlei *Entfaltungsmöglichkeit* und Chance der *aktiven Mitarbeit,* sondern sein Verhalten ist *rezeptiv* – er übernimmt einfach, was ihm gesagt wird bzw. exakter ausgedrückt: was er hört; denn das kann durch-

aus etwas ganz anderes sein, als was der Referent gemeint hat. Weil aber nun der Teilnehmer beim Vortrag so gut wie gar nicht aktiviert wird, dürfte die Wirkung des Gesagten auch nicht sehr nachhaltig sein. Wenn man sich an selbsterlebte reine Einwegvorträge erinnert, so fallen einem vielmals über den Ort und die hohe oder niedrige Besucherzahl kaum noch weitere Dinge ein – evtl. noch Thema und der Name des Redners. Einen so nachhaltigen Effekt hat Einbahnkommunikation!

In engem Zusammenhang damit steht ein weiterer Nachteil des Vortrages, der aber eigens genannt werden muß: in der Regel ist es so, daß Antworten vermittelt werden, bevor der Teilnehmer auf Fragen bei sich selbst gestoßen ist. Somit kommt es in vielen Fällen gar nicht zu einem *Problembewußtsein,* in das hinein dann eine mögliche Antwort versucht werden könnte.

Der Zuhörer gewinnt weiter allzuoft den (optimistischen) Eindruck, als sei die vorgetragene Sache so *abgerundet und fertig* (und damit problemlos!), wie sie evtl. dargestellt wurde. Bei den meisten, z.B. erziehungswissenschaftlichen Gegenständen, ist das ja keineswegs der Fall. Dieser Eindruck wäre also irrig und in vielen Dingen gefährlich.

Insgesamt können wir also feststellen, daß der konventionelle Vortrag, gemessen an dem Ziel, das generell in der Elternarbeit verfolgt werden sollte, eine Reihe von Nachteilen hat, die es zu bedenken gilt. Verglichen mit der Vorlesung an der Hochschule, wo bei einer relativ homogenen Studentengruppe die sogenannte „Faktenschleuder“ als flankierende Maßnahme ihren Sinn haben mag, schneidet der Vortrag in der Elternarbeit vom Kindergarten aus wesentlich schlechter ab. Er scheidet trotzdem nicht völlig aus einem möglicherweise anzuwendenden Methodenkanon aus, müßte aber in Zukunft seinen Platz erhalten, und d.h.: wesentlich seltenere Anwendung.

d) Die Impulsmethode

Eine veränderte Abart des Vortrages ist die Impulsmethode. Man versteht darunter folgendes: „Der Referent hat sein Referat, das auf eine Gesamtlänge von etwa 45 bis 60 Minuten angelegt ist, nach Sachgesichtspunkten stark gegliedert. Er trägt vom Ganzen des Referates jeweils ein einzelnes, in sich stimmiges Kapitel von etwa zehn Minuten Dauer vor, sodann wird dieses Kapitel in etwa 15–20 Minuten besprochen. Dann folgt wieder ein Vortragskapitel wie vorher, dann wieder ein Kurzgespräch. In 45–60 Minuten las-

sen sich etwa 4–6 Teile des Gesamtreferats vortragen; ebensooft setzt also zwischendurch ein Kurzgespräch ein...
Die Teilnehmer notieren sich während der Teilreferate die wichtigsten Thesen und Fakten. Wenn etwa vier Referatsabschnitte von je 10 bis 15 Minuten Dauer vorgetragen werden und jeweils 15 Minuten über jeden Referatabschnitt diskutiert wird, ergibt sich eine Gesamtlänge von 100 bis 120 Minuten; es bleiben 5 Minuten Zeit zu einer Zusammenfassung."[24]
Als Beispiel für die Impulsmethode sei verwiesen auf die sogenannte Dia-Impulsmethode, die ich vorschlage für den Elternabend über die Ziele und Aktivitäten des Kindergartens, vgl. S.81.
Der größte Vorteil der Impulsmethode besteht darin, daß sich viele Nachteile des reinen Vortrags vermeiden lassen, wobei man aber die wenigen Vorteile nicht aufgeben muß. Es ist bei dieser Methode im Gegensatz zum reinen Vortrag prinzipiell eher möglich, daß

- die Veranstaltung teilnehmerzentriert ist;
- Einwegkommunikation vermieden wird;
- Individualisierung und Differenzierung stattfindet;
- die Teilnehmer aktiviert werden und mehr lernen:
- die Teilnehmer Fragestellungen und Problembewußtsein entwickeln;
- bei den Teilnehmern nicht der falsche Eindruck des Geschlossenen und Fertigen entsteht.

Diese Methode ist aber vor allem auflockernd und gibt dem Teilnehmer nicht so leicht die Möglichkeit, abzuschalten und sein „Schläfchen" zu halten, wie dies beim evtl. einstündigen Vortrag viel eher möglich ist. Sie zwingt auch den Referenten zur genauen Konzeption, zum exakten Aufbau und zur kompakten (evtl. thesenhaften) Darlegung seiner Vorstellungen und Fakten. Bei dem jeweils einzuschaltenden Gespräch kann man die Teilnehmer mit Recht bitten, beim Thema zu bleiben und nicht zu sehr abzuschweifen, da man noch etwas Zeit benötige und auch bestimmte Dinge noch gesagt würden. Damit können sicher auch die unliebsamen Dauerredner (sehr oft Akademiker) abgebremst werden.
Besonders zu beachten ist bei der Impulsmethode:

1. Bei der *Vorbereitung* müssen möglichst viele Fragestellungen und Einwände bedacht werden; denn je mehr Aktivitätsspielraum die Eltern haben, um so mehr wird man evtl. zu einzelnen Problemen Stellung beziehen müssen.

2. Die *Teilnehmerzahl* darf nicht zu groß sein, und die Sitzanordnung muß entsprechend vorbereitet werden. Mit einer Elternzahl von 20 bis 25 kann die Impulsmethode wohl noch gut durchgeführt werden. Das dürfte im Kindergarten eine realistische Besucherzahl sein, wenn man davon ausgeht, daß Elternabende für jede Gruppe einzeln durchgeführt werden.
3. Der *Zeitfaktor* spielt hier eine besondere Rolle und muß deshalb exakter kalkuliert werden als z.B. beim völlig offenen Gespräch. Es darf aber nicht der Eindruck der Hetze und des Getriebenseins entstehen.
4. Da viele *Eltern* diese Methode auch erst einmal kennenlernen müssen, ist es erforderlich, sie zu Beginn zu fragen, „ob sie mit dem so vorgeschlagenen Vorgehen *einverstanden* seien". Dabei sollte evtl. auch ein ganz kurzer Hinweis auf die positiven Momente der Methode gegeben werden.

e) Die Gruppenarbeit

Gegenüber dem konventionellen Vortrag sollte sich mehr die Methode der Gruppenarbeit durchsetzen. Darunter versteht man die Tätigkeit der Teilnehmer in Kleingruppen, die sich auf bestimmte Aufgabenstellungen geeinigt haben und diese aufgrund von vorher erhaltenen Informationen, von erhaltenen Materialien bzw. aufgrund ihres eigenen Wissens und Meinens bewältigen. Für die Elternarbeit des Kindergartens dürfte sie derzeitig die intensivste und angemessenste didaktische Form sein.
Folgende Argumente sprechen für die Gruppenarbeit:

1. In der Gruppenarbeit ist es eher möglich, *individualisierend* vorzugehen. – Die Eltern sind heterogen in Aufnahmebereitschaft und -fähigkeit. Sie kommen mit sehr unterschiedlichen Leistungsmotiven in die Veranstaltung.
2. Gruppenarbeit ist die Methode, bei der die größte Chance besteht, die Teilnehmer zu *aktivieren* – . Durch das „learning by doing" (Lernen durch Selbsttätigkeit) dürfte sich ein möglichst großer und nachhaltiger Lerneffekt ergeben.
3. Gruppenarbeit wird neben dem Prinzip des Individualisierens auch einem *differenzierten* Vorgehen im Hinblick auf den Stoff gerecht. – Mit einzelnen Gruppen kann man sich auf verschiedene Aufgaben einigen, und die Teilnehmer können somit die Gruppe entsprechend ihren Lern- und Arbeitsbedürfnissen wählen. (Jemand, der ein einjähriges Kind hat und einen Elternabend zum Thema „Sexualerziehung in der frühen Kind-

heit" besucht, dürfte größeres Interesse am Gruppenthema „Säuglingsonanie" haben als die Mutter, deren Kind drei Jahre alt ist und die deshalb eher geneigt ist, in eine Gruppe mit dem Thema „Wann sollen Kinder welche Information über Sexualität haben?" zu gehen.)

4. Gruppenarbeit gibt uns am ehesten die Möglichkeit, dort anzufangen, *wo die Gruppe steht.* – Dieser Grundsatz der Sozialarbeit hat bei jedem beginnenden Lernprozeß seine Bedeutung und Gültigkeit. (Beim Vortrag wird da angefangen, wo der Dozent steht.)
5. Gruppenarbeit ermöglicht es eher, die *Einstellungen* der Teilnehmer zu verändern. – Der Teilnehmer geht hier nicht in so starkem Maße selektiv vor, sondern seine Erkenntnis kann immer wieder modifiziert werden. Er hat eine größere Chance, seine bisherigen Kenntnisse, Überzeugungen und Werthaltungen in Frage zu stellen, um so zu einer verbesserten Einstellung zu gelangen.
6. Gruppenarbeit ist die Methode, bei der am ehesten eine *Rückmeldung* (feed-back) möglich ist. – Am Ende der Gruppenarbeit steht der mündliche oder der schriftliche Bericht. Dieser zwingt einerseits die Kleingruppe, möglichst am Thema zu arbeiten, und gibt zum anderen den Veranstaltungsinitiatoren die erforderliche Rückkoppelung.
7. Gruppenarbeit gibt dem Teilnehmer das (subjektiv angenehme) *Gefühl, etwas erarbeitet* und nicht einfach nur etwas bekommen zu haben. – „Jeder war angespornt und mußte mitdenken. Es ging nicht alles an einem vorbei, sondern jeder fühlte sich auch angesprochen", äußerte ganz spontan eine Teilnehmerin einer Veranstaltung, bei der u. a. ziemlich intensive Gruppenarbeit betrieben worden war.
8. Gruppenarbeit verlangt von sich aus kooperatives Verhalten und erlaubt es, *demokratische Ziele zu verwirklichen.* – „Wir haben sowohl in der außerschulischen Bildungsarbeit als auch im Unterricht unserer eigenen Schule die Erfahrung gemacht, daß die bei uns üblichen Methoden des Unterrichts, der Tagungsarbeit und der Bildungsseminare diesem allgemeinen Ziel meist strikt zuwiderlaufen."[25]
9. Gruppenarbeit ist eine grundsätzlich *teilnehmerzentrierte* Methode. – Nicht der Dozent, sondern die Teilnehmer und deren Lernbedürfnisse werden hier zur Richtschnur, und an ihnen orientiert man sich.
10. Gruppenarbeit ermöglicht nicht nur eine intensivere *Kommu-*

nikation und Interaktion der Eltern mit dem Referenten, sondern auch *untereinander*. – Die Vortragshierarchie und Dozentendominanz ist reduziert, und statt dessen liegen wesentlich erweiterte und egalisierte Interaktionsmöglichkeiten vor.

Gruppenarten

Bei der Elternarbeit vom Kindergarten aus können sich verschiedene Gruppenbildungen ergeben. Wir unterscheiden sie nach den Gesichtspunkten:

- Thema bzw. Aufgabenstellung (a);
- Leitung (b);
- Frage oder Antwort (c).

a) Man kann sich mit den einzelnen Arbeitsgruppen auf die gleichen Themen bzw. Aufgabenstellungen einigen oder den Gruppen jeweils verschiedene Themen zur Bearbeitung überlassen. Wir sprechen deshalb von themengleichen und themendifferenten Arbeitsgruppen. Oft hört man, die themendifferenten Gruppen hätten den arbeitsökonomischen Vorteil, daß für die Gesamtgruppe weiterführende Themen von den einzelnen Untergruppen erarbeitet würden. Man geht dabei also nach einer gewissen Arbeitsteiligkeit vor und läßt dann die Untergruppen vor der Großgruppe ihren Bericht geben. Das kann nun in manchen Fällen richtig sein, z.B. wo reine Fakten erarbeitet werden sollen. Es muß aber vor der irrigen Annahme gewarnt werden, die Gesamtgruppe habe dabei den gleichen Lerneffekt wie die Mitglieder der kleinen Arbeitsgruppe, die an einem bestimmten Thema länger gearbeitet haben; denn der Gruppenbericht ist in vielen Punkten zu vergleichen mit dem Frontalvortrag, abgesehen davon, daß die einzelnen Gruppenmitglieder sich ergänzen können. Es spricht deshalb vieles für die themengleichen Arbeitsgruppen, vorausgesetzt, man hat bestimmte Ziele im Auge und kann sich mit den Gruppen darauf einigen.

b) Was die Leitung der kleinen Arbeitsgruppe anbetrifft, so gibt es die Möglichkeit, daß man der Gruppe einen Leiter vorgibt, daß die Gruppe selbst einen Leiter wählt und daß sie sich selbst leitet. Hier ist deutlich eine Stufung zu erkennen von einer mehr fremdbestimmten bis zu einer stark selbstbestimmenden Gruppe. Wie man vorgeht, hängt vom Einzelfall und dabei besonders davon ab, ob man es mit Eltern zu tun hat, die kooperatives und gruppendynamisch ausgeglichenes Vorgehen bereits anwenden, oder mit Eltern, die dies erst noch lernen müssen. Die Erfahrung lehrt, daß

derzeitig der letztere Elterntyp in hohem Maße überwiegt. Der Referent bzw. sein Mitarbeiter sollten also zumindest darauf achten, was sich gruppendynamisch in den einzelnen Gruppen abspielt, und überlegen, in welcher Weise am günstigsten vorgegangen werden soll. Oftmals entscheidet einfach die Personalsituation. Die Kindergärtnerin, die allein mit den Eltern ihrer Gruppe einen Elternabend veranstaltet, hat nicht die Möglichkeit, zu jeder Kleingruppe einen versierten Gruppenpädagogen zu setzen. Das ist aber kein Grund, die Kleingruppenarbeit zu lassen. Im allgemeinen wird sich die Gruppe schon einigen.
c) In der Regel werden für die Gruppenarbeit Aufgaben vorgegeben, die Antworten auf bestimmte Fragen erbringen sollen. Es ist aber manchmal wertvoll, wenn Lernende selbst auf die Fragen kommen und diese entwickeln, und erst dann sind es eigentlich ihre Fragen; wäre es deshalb nicht vernünftig, wenn man auch einmal sogenannte „*Fragegruppen*" bilden ließe?[26] Man mag sich vorstellen, daß zu einem bestimmten Thema ein Kurzreferat gehalten worden ist und der Veranstaltungsleiter anschließend die Teilnehmer in einige Kleingruppen aufteilt mit der Bitte: „Überlegen Sie sich zu dem eben Gehörten Fragen, die Sie im weiteren Verlauf gerne beantwortet bzw. diskutiert hätten. Bringen Sie diese nach Möglichkeit in eine Rangfolge, bei der zum Ausdruck kommt, welche davon Sie auf jeden Fall gerne bearbeitet hätten; vermutlich wird nämlich der Referent nicht auf alle Fragen in gleich ausführlicher Form eingehen können!" Es ist selbstverständlich, daß bei dieser Art von Gruppenarbeit der Referent in besonderer Weise vorbereitet sein soll und vor allem den Zeitfaktor berücksichtigen muß.

Gruppenbildung
Gruppenarbeit kann eine recht lerneffektive Methode sein und ist deshalb im allgemeinen auch sehr zeitaufwendig. Mann sollte sich daher genau überlegen, wie am zügigsten, aber trotzdem am günstigsten die Gruppen gebildet werden. Eines müßte der Veranstalter bzw. Referent auf jeden Fall tun: Möglichkeiten der Gruppenzusammensetzung anbieten und empfehlen. Bei themengleicher Gruppenarbeit wird im allgemeinen die Sitzordnung der Teilnehmer sich schon als Ausgangspunkt anbieten. Dabei muß allerdings den Eltern gesagt werden, daß die Gruppenbildung so locker vor sich gehen soll, daß Freunde bzw. Verwandte in der jeweiligen Gruppe zusammenbleiben können, vorausgesetzt, die Gruppe wird dann nicht zu groß. Arbeiten die Gruppen an jeweils ver-

schiedenen Themen bzw. Aufgaben, so ergibt sich die Gruppenbildung von selbst, da die Eltern dann nach ihren Interessen wählen. Gerade hier müßte darauf gesehen werden, daß die eine Gruppe im Gegensatz zur anderen nicht zu groß wird.
Besonders zu beachten sind in der Planung und Durchführung der Gruppenarbeit noch folgende Punkte:

1. Es muß *genau geplant* werden, z. B. im Hinblick auf Raum und Anzahl der Teilnehmer, besonders aber im Hinblick auf die Zeit. Gruppen entwickeln sich auf Grund ihrer je eigenen Dynamik vielfach in ganz anderer Richtung, als zunächst angenommen wird. Deshalb macht der Faktor „Zeit" selbst den erfahrensten Gruppenpädagogen des öfteren einen Strich durch die Rechnung.
2. Man sollte eher *kleine Gruppen* bilden lassen, damit jeder Teilnehmer genügend Gelegenheit hat, seine Aktivitäten in das Gruppengeschehen einzubringen. Faustregel: in Gruppen zwischen drei und fünf Personen dürfte jeder in genügender Form gefordert sein, aber auch genügend Interaktionsgelegenheiten haben.
3. Dic *Aufgabenstellung* für die Gruppe muß so *exakt* wie möglich sein. Es kommt sonst vor, daß die Eltern über alles und jedes reden, nicht aber über die zu erledigenden Themen. Das beste ist, wenn jedes Gruppenmitglied die Aufgaben schriftlich in der Hand hat.
4. Der Initiator tut gut daran, den Gruppen mitzuteilen, sie möchten doch nach der Kleingruppenarbeit in der Großgruppe einen *Bericht* über ihre Arbeit geben. Abgesehen davon, daß hier wirklich Informationen erwartet werden und der eigentliche Rückkoppelungseffekt stattfindet, liegt in der geforderten Berichterstattung ein stark motivierendes Moment vor. Die Gruppe ist viel eher geneigt, sich an die Aufgabenstellung zu halten und diese zu erfüllen, wenn jedes Mitglied weiß, daß die Großgruppe einen Kurzbericht und evtl. Ergebnisse erwartet.
5. Bei der *Berichterstattung* der Kleingruppe im Plenum muß man zusehen, daß auf jeden Fall alle Gruppen zu Wort kommen können. (Dementsprechend ist zu planen. Wo keine Zeit ist für Gruppenarbeit, sollte man sie lassen!) Waren den Gruppen themengleiche Aufgaben gestellt, so läßt man natürlich nicht alle Gruppen zum gleichen Thema berichten. Man kann entweder die einzelnen Kleingruppen zu je verschiedenen Aufgaben berichten lassen; man kann sie vor allem aber

nach den jeweiligen Antworten, Ergebnissen oder Problemen befragen, in denen sie von den Berichten der anderen Gruppen abweichen. Dadurch kann der Plenumsbericht aufgelokkert werden.

6. Gehen die Kleingruppen für ihre Arbeit in *verschiedene Räume,* so sollten diese genau angegeben sein. Aber auch in einem einzigen zur Verfügung stehenden Raum läßt sich Gruppenarbeit von mehreren Gruppen durchführen. Selbstverständlich sind dann die Teilnehmer zu bitten, man möge bedenken, daß auch die anderen Gruppen miteinander kommunizieren möchten. Sie werden sich dann auf eine erträgliche Lautstärke einstellen.
7. Bei der Gruppenarbeit ist es wichtig, daß der Referent die einzelnen *Kleingruppen* bei ihrer Arbeit *besucht* und sich danach erkundigt, ob es Schwierigkeiten bzw. Fragen gibt. Besonders bei problematischen Aufgaben und bei unerfahrenen Eltern ist die Mitarbeit des Referenten in der Kleingruppenphase erforderlich.
8. Hier ist allerdings sehr wichtig, daß der „wandernde Referent“ *nicht zu lange* in einer Kleingruppe verweilt und sich „festhalten“ läßt. Er muß sonst damit rechnen, daß die Mitglieder der übrigen Gruppen dies monieren und darüber erbost sind.
9. Hat man es bei der Veranstaltung mit einem größeren Kleingruppenkombinat in einem Raum zu tun, so besteht die Möglichkeit der *Zwischeninformation an alle Gruppen* für den Fall, wo allen Gruppen eine zusätzliche Mitteilung gegeben werden muß. Es sollte aber davon nur in Ausnahmefällen Gebrauch gemacht werden, da der Arbeitsablauf in der Kleingruppe hierdurch jedesmal unterbrochen wird.
10. Bei der Gruppenarbeit mit Eltern im Bereich des Kindergartens spielt die *Gruppendynamik und ihre Gesetzlichkeit* eine ebenso wichtige Rolle wie bei sonstigen Aktivitäten von Gruppen. Es ist daher von großer Bedeutung, daß man sich mit Gruppendynamik sowie Gruppenphänomenen überhaupt auseinandersetzt. Ich weise an dieser Stelle auf das Buch von T. Brocher hin, das man im Kindergarten besitzen und für die Gruppendynamik in der Elternarbeit kennen müßte:
Brocher, Gruppendynamik und Erwachsenenbildung, Braunschweig 1969. – Leicht verständlich und empfehlenswert ist auch: A. Knippenkötter, Arbeiten mit Gruppen, Düsseldorf 1972.

f) Elterninformation – Elterngespräch

Der Kindergarten wird in Zukunft stärker als demokratisierte Erziehungseinrichtung zu verstehen sein. Das bedeutet, daß Eltern mehr in der Äußerung ihrer Meinung zu hören und mitbestimmend sein werden. Das heißt aber, daß man einen Weg finden muß, die Ansichten der Eltern einzuholen bzw. sich mit ihnen auszutauschen.

Wir nennen diesen Weg „Elterninformation" und meinen damit, daß die Eltern von den Erziehern des Kindergartens informiert werden, daß die Erzieher von den Eltern informiert werden und daß die Eltern sich gegenseitig informieren. Selbst in dem Kindergarten, in dem eine Elternintegration noch nicht sehr weit fortgeschritten ist, gibt es Dinge, die eine Absprache unbedingt erfordern, z.B. Feste, Ferien, Öffnungszeiten usw. Bei derartigen Angelegenheiten ist die Methode des Elterngespräches bzw. der Elterninformation zu wählen. Folgende Punkte gilt es besonders zu beachten:

1. Die Elterninformation sollte alle *vier bis sechs Wochen*, und zwar für die Eltern jeder Gruppe *gesondert*, stattfinden.
2. Die Gruppenerzieherin *sammelt* anstehende Probleme, die besprochen werden müssen. Sie sollte aber zusehen, daß im Gespräch mit den Eltern in genügender Form deren Meinung erfahren und daß das Gespräch in der notwendigen Weise strukturiert wird. Es läuft sonst Gefahr, zu einem ziemlich nutzlosen Plausch zu werden, statt zu einem relativ themenorientierten Meinungsaustausch.
3. Der Gesprächsleiter muß also hier besonders auf die *Gruppendynamik* und die *Kommunikationsstruktur* einwirken und vor allem die sogenannten Dauerredner konstruktiv integrieren.
4. Man sollte die zu besprechenden Probleme auf einem Zettel notiert haben und am Anfang des Gespräches kurz nennen und von den Eltern ergänzen lassen. Die systematisch arbeitende Erzieherin hat eine Mappe bzw. einen *Ordner* mit der Aufschrift *„Elterninformation"*, wo alle Informationen von und für Eltern gesammelt und kurz festgehalten sind.

Hinweise für die Gesprächsführung in der Elterngruppe

Bei der Elterninformation wie überhaupt in Gesprächskreisen hat man es mit einem bunten Spektrum an Verhaltensweisen der einzelnen Teilnehmer zu tun. Dementsprechend sind eine Reihe von Typen unterschieden worden, die hier kurz genannt seien[27]. (Man sollte sich aber über die Problematik einer vorschnellen sowie einer Typisierung überhaupt im klaren sein. Typologien dürfen nur als Erkenntnishilfen verstanden, nicht aber verabsolutiert werden, als wenn eine einmal vorgefundene Verhaltensform schon einen Typ ausmachte!):

- Der Dauerredner bzw. Redner um jeden Preis
  (meint zu allem was sagen zu können und zu müssen)
- Der Stille im Lande
  (spricht nur, wenn er dazu animiert wird)
- Der ewige Schweiger
  (deutet sich das Seinige, ist aber immer dabei)
- Der Problematiker
  (hegt gegen alles Zweifel und ist noch skeptisch, selbst wenn ein Ergebnis faktisch vorhanden ist)
- Der Ja-Sager
  (läßt sich auf die gegensätzliche Meinung ein, gibt aber schließlich jedem Recht)
- Der Debattierer
  (sucht in dem Gespräch den Kampf und möchte seinen Gegner schlagen)
- Der Feuilletonist
- (bringt mit Esprit und Witz einprägsame Formulierungen)
- Der Witzbold
  (ist immer guter Dinge und trägt zur Ermunterung des Gesprächs bei)
- Der Schönredner
  (dem die eigene Meinung fehlt)
- Der Sachliche
  (hat stets größtes Interesse, konkrete Ergebnisse zu erhalten.

Es wurde schon etwas über die Rolle der Erzieherin bei der Elterninformation gesagt. Hier sollen noch ein paar Bemerkungen zu verschiedenen *Typen von Gesprächsleitern* gemacht werden. Entsprechend der Ausübung ihrer Rollen, hat man den Gesprächsleiter verglichen mit dem

- Ingenieur
- Regisseur
- Dompteur
- Chorleiter

und dabei jeweils entsprechende Merkmale herausgestellt. Der Methoden-Ingenieur beschränkt sich darauf, das reibungslose Funktionieren des Gesprächsablaufes zu ermöglichen, während der Gesprächsregisseur den Ehrgeiz hat, „die Puppen zum Tanzen zu bringen". Der Dompteur versucht mit allen Mitteln, besonders im größeren Kreis, Ordnung zu halten. Der Chorleiter dagegen sieht die Gesprächsgruppe als eine Mischung von Stimmen an, „von denen jede Anspruch auf Geltung hat und die es zu harmonisieren gilt, nicht im Sinne eines Aufhebens der je eigenen Meinungen und Standpunkte, sondern im Sinne eines Aufeinanderbeziehens... Den methodisch ungeschulten Gesprächsführer erkennt man meistens daran, daß er vorschnell Meinungen vereinheitlicht, zu stark von seiner eigenen Meinung ausgeht, diese unreflektiert zum allgemeinen Maßstab erhebt..."[28]

Eine sehr wichtige Bedingung für einen wünschenswerten Verlauf der Elterninformation ist, auf seiten der Erzieherin, daß sie zuhören kann. Dieses Zuhörenkönnen sollte sie versuchen, auf die Eltern zu übertragen. Wer es als aufmerksamer Beobachter erlebt hat, wie eine Erzieherin Eltern so gut wie keinen Satz zu Ende bringen ließ, ohne diesen immer wieder durch kurze Einwürfe ins Wort zu fallen, der konnte den Eindruck haben, daß sie sich permanent angegriffen fühlte, wobei die Eltern dies in keiner Weise wollten und taten; dabei erfährt man auch, wie notwendig eine Schulung in der Gesprächsführung während der Kindergärtnerinnenausbildung ist. Viele Erzieher haben kaum einen Einblick, wie sie in ihrem Verhalten auf andere wirken, sei es auf Kinder oder Jugendliche, sei es auf Erwachsene. Das aber ist eine notwendige Voraussetzung, will man die Interaktions- und Kommunikationsstruktur einer Gruppe beeinflussen. Eine Möglichkeit, das eigene Verhalten zu erkennen und evtl. zu verbessern, ist die systematische Gruppen- bzw. Kommunikationsbeobachtung. Bei Lehrern, die in der Gruppenbeobachtung Erfahrung sammeln konnten, zeigte sich, daß dies auch Einfluß auf ihr eigenes Verhalten hatte[29]. Dies gilt für den Erzieher im Kindergarten in ähnlicher Weise, und man möchte ihm deshalb den Ratschlag geben, sich in systematischer Gruppenbeobachtung schulen zu lassen. Es sei in dem Zusammenhang hingewiesen (und mehr ist an dieser Stelle nicht möglich) auf folgende Gruppenbeobachtungssysteme:

a) die Interaktionsanalyse von Bales
(in: P. A. Atteslander, Methoden der empirischen Sozialforschung, Berlin 1969, S. 146ff.),
b) die Prozeßanalyse von Brocher
(T. Brocher, Gruppendynamik und Erwachsenenbildung, Braunschweig 1967, S. 125ff.)

Zur Gesprächsführung gibt es inzwischen ausgiebig Literatur. Im Zusammenhang mit der Elterninformation wäre es vorteilhaft, sich mit Fragen der Diskussionsleitung auseinanderzusetzen. Empfehlend sei verwiesen auf das Bändchen von Georg Fabian, Diskutieren-Debattieren, München 1969. Zur Gesprächsführung in der Beratung s. S. 142ff.

g) Interview-Methode

Eine Möglichkeit, die Eltern auf ein bestimmtes Thema hin zu aktivieren und ihnen ein Problembewußtsein zu verschaffen, ist der Einstieg über einen Fragebogen bzw. über ein Interview. So ist es, um ein Beispiel zu nennen, möglich, Themen wie „Erziehungsstile" oder das Thema „Strafe", in denen es auch darum geht, die Einstellung der Eltern zu erfahren, über diesen Weg anzugehen. (Man vgl. dazu den Konzeptionsvorschlag auf S. 91ff.)
Es wäre sehr günstig, wenn die Erzieherin die wichtigsten Dinge zur Fragebogentechnik beherrschen würde, da sie diese in dem eben angedeuteten aktivierenden Sinne verwenden könnte, vor allem aber auch um Meinungen und Vorstellungen der Eltern rasch und repräsentativ in Erfahrung zu bringen. So ist z.B. leicht zu erfahren, welche Themen die Eltern an den kommenden Elternabenden am liebsten behandelt hätten. Eine einigermaßen demokratische und elternintegrierte Arbeit im sozialpädagogischen Feld ist nach meiner Meinung auf Dauer nicht möglich, ohne daß mit derartigen Erhebungsinstrumenten aus der Empirie gearbeitet wird. Durch die Arbeit mit dem Fragebogen wird es auch nur möglich sein, eine Rückmeldung über eine Veranstaltung zu erhalten. Warum sollte man bei Elternveranstaltungen nicht wenigstens mit einfachen Fragen versuchen, die Eindrücke der Eltern zu erheben. So ist es z.B. möglich, in den letzten 5–7 Minuten eines Elternabends (der allerdings dann nicht schon bis in die Nacht hinein dauern darf, was ja per se schon eher negative Folgen haben dürfte) den Eltern ein Blatt Papier mit etwa den folgenden Fragen zu geben:

1. Was hat Ihnen an der heutigen Veranstaltung besonders gut gefallen? – Warum?
2. Was hat Ihnen an der heutigen Veranstaltung besonders schlecht gefallen? – Warum?
3. Könnten Sie bitte Vorschläge machen für die kommende Veranstaltung.

Wichtig:
Derartige Umfragen müssen selbstverständlich anonym durchgeführt werden. Man bitte deshalb die Eltern, nicht ihren Namen auf

das Blatt zu schreiben. – Weiterhin muß den Eltern vor der Austeilung z. B. des eben angeführten Fragebogens gesagt werden, man sei selbst der Überzeugung, daß die Elternabende immer noch verbessert werden könnten und sich an der Meinung der Eltern orientieren sollten. Deshalb bitte man sie, in den letzten 5 Minuten noch ein paar Fragen zu beantworten. Derartige Begründungen sind wichtig, und man wird es dann kaum erleben, daß die Eltern nicht mitmachen.

Leicht verständliche und empfehlenswerte Literatur zum Interview und der Arbeit damit: W. Erl, Methoden moderner Jugendarbeit, Tübingen 1969, S. 41–50.

h) Elternseminar im Kindergarten

Bei der Behandlung erzieherischer Themen in der Elternarbeit des Kindergartens wird man mit den Themen anfangen, denen eine besondere Aktualität und Dringlichkeit zukommt. Im Laufe der Zeit liegt dann ein gewisser Themenkatalog vor, und eine bestimmte Systematik ist erlangt.
Diesen Weg kann man auch geplant gehen und ein sogenanntes Elternseminar veranstalten, das Themen im Zusammenhang behandeln soll und über eine bestimmte Anzahl von Abenden geht. Zu beachten ist dabei:

1. Man sollte das *Interesse* der Eltern der betreffenden Kindergartengruppe an den Themen in Erfahrung bringen.
2. Es muß eine exakte didaktische und methodische *Planung* stattfinden. Bei der Durchführung kann man evtl. mit einem Dozenten, der zu einem Thema eingeladen wird, kooperieren.
3. Die *Anzahl* der Veranstaltungen muß von vornherein feststehen.
4. Es hat sich als günstig erwiesen, wenn zwischen den einzelnen Veranstaltungen nicht mehr als *eine Woche* Zeit liegt.
5. Das Elternseminar hat den besonderen Vorteil, daß man auf Probleme, die am betreffenden Abend nicht geklärt werden können, bei der nächsten Veranstaltung *zurückkommen* kann. (Übrigens ein grundsätzlicher Vorteil der Elternarbeit im Bereich des Kindergartens!) Man steht nicht unter dem Druck der einmaligen Veranstaltung, in der – nachdem sie entweder gelungen oder mißlungen ist – nichts mehr korrigiert werden kann.

6. *Die Vorgeprägtheit der Eltern – Anthropogene Voraussetzungen*

In den folgenden Aussagen müßte man die gesamten sozialen und individuellen situativen Bedingungen, unter denen Eltern und Berufserzieher in ihrem Lern- bzw. Mittätigkeitsprozeß im Bereich des Kindergartens stehen, berücksichtigen. Dies kann hier in aller Breite nicht geschehen, und es sei deshalb auf zwei Veröffentlichungen hingewiesen, in denen viele Dinge diskutiert sind, die hier nur angedeutet werden können:

- W. Bäuerle, Theorie der Elternbildung, Weinheim und Basel 1972;
- T. Brocher, Gruppendynamik und Erwachsenenbildung, Braunschweig 1969.

Die wichtigsten Faktoren, die bei der Elternarbeit, von der speziellen Situation der Eltern her betrachtet, eine Rolle spielen, sollen thesenhaft genannt werden:

1. Eltern kommen *freiwillig* zum Elternabend. – Man erlebt es nicht selten, daß in Kindergärten Eltern oder sogar Kindergärtnerinnen fordern, man solle doch nur Kinder von solchen Eltern aufnehmen, die sich verpflichten, in der Elternarbeit des Kindergartens mitzuwirken. Der Kindergarten hat aber dazu keinerlei rechtliche Handhabe. Im übrigen wäre es eine äußerst ungünstige Bedingung, wenn die Eltern, die sonst nicht zum Elternabend kämen, nun gezwungenermaßen kommen würden. Der Kindergarten muß sich hier andere positiv und sachlich motivierende Dinge einfallen lassen, um die Eltern zu interessieren und aktivieren.
2. Eltern sind – als Lernende – *erwachsene,* mündige Bürger (W. Bäuerle, S. 117 ff.). – Obwohl diese Aussage zunächst als Binsenweisheit erscheinen mag, ist sie hier doch sehr wichtig. Die Kindergärtnerin ist in der Hauptsache für den Umgang mit Kindern ausgebildet. Sie verbringt die meiste Zeit des Tages mit Kindern und stellt sich auf diese ein. Aus diesen Gründen ist es für sie nicht einfach, auf Erwachsene angemessen einzugehen, wenn sie mit ihnen in einen Lernprozeß tritt. Der veränderte Lernprozeß beim Umgang mit dem Erwachsenen muß sich vor allem im Methodischen zeigen. Auch die Erzieherin, die am Vormittag noch so partnerschaftlich mit ihren Kindern umgeht, wird z. B. bei einer Gruppenarbeit am Elternabend

bedenken müssen, daß sie es nicht mit Kindern zu tun hat. Sie muß sich dann entsprechend umstellen.

3. Eltern kommen zum Elternabend *nach Feierabend* und sind deshalb müde von der Arbeit. – Auch dieses Moment muß sich methodisch auswirken, z. B. auf das Lerntempo und den Verlauf. Die Akademikereltern, deren Tagesrhythmus sich bis in den späten Abend ausdehnt und für die Vorträge und Bildungsaktivitäten am Abend selbstverständlich sind, bringen grundsätzlich andere Lernvoraussetzungen mit als Arbeitereltern, die morgens um 6 Uhr aufstehen und den ganzen Tag über schwere körperliche Arbeit leisten. Der Kindergarten hat sich hier in der Regel zunächst nach den Arbeitereltern zu richten!
4. Eltern kommen zum Elternabend mit *pragmatischen* Absichten. – Die wenigsten Eltern kommen zum Elternabend, um Begriffsanalysen und wissenschaftliche Diskussionen (evtl. zwischen einem Lehrer und einem Arzt, die beide auch Eltern sind) oder sonstige akademische Deklamationen oder Späße zu erleben. Sie wollen Interpretationsmöglichkeiten zum Verhalten ihrer Kinder und Vorschläge für ihre pädagogischen Reaktionen. Eltern sollen also sagen können, was ihnen der Elternabend zur Verbesserung der Lebenspraxis mit ihren Kindern gebracht hat, und nicht, wie „hochwissenschaftlich" der Referent gesprochen habe und wie gut er diskutieren konnte.
5. Eltern *lernen* – als Erwachsene – anders. – Der grundsätzliche Unterschied zwischen dem Lernen des Kindes, z. B. im Hinblick auf das Schreibenlernen, und dem Lernen der Eltern, z. B. im Hinblick auf pädagogisches Verhalten gegenüber ihren Kindern, liegt darin, daß es sich bei dem Kind mehr um ein sogenanntes *initiales (Anfangs-)Lernen* handelt, während Eltern am Elternabend vielmehr *umlernen* sollen. Auch daraus resultiert eine methodische Folgerung: Man kann dann nicht mehr so tun, als fingen die Eltern voraussetzungslos an zu lernen, sondern jede Mutter und jeder Vater hat Vorstellungen und Meinungen theoretischer Art zur Erziehung der Kinder, auch wenn diese unausgesprochen und unreflektiert sind. Genau da aber hat Elternarbeit einzusetzen und das Ziel der Einstellungs- und Verhaltensänderung zu verfolgen[30].
6. Eltern kommen aus verschiedenen *Wohngegenden*. – Auch diese rein äußere Bedingung hat ihre Bedeutung und muß bedacht werden. Es macht z. B. bei Hinweisen auf Spielzeug und

sonstige Materialien einen Unterschied, ob diese am Ort zu bekommen sind oder ob sie evtl. der Kindergarten besorgen sollte. Ein Unterschied ist auch, ob man Eltern am Ort auf eine Erziehungsberatungsstelle aufmerksam machen kann oder ob diese weit entfernt liegt usw. Ganz abgesehen davon, daß die Wohngegend als sozioökologischer Faktor generell Einfluß nimmt.

7. In der Elternarbeit sind die *Kommunikationsprobleme* auf ein Minimum zu reduzieren. – Derartige Probleme gibt es im Hinblick auf Sachgerechtigkeit und Verständlichkeit. Hier ist zu fordern, daß auch komplexere Vorgänge einerseits unverfälscht, andererseits aber verständlich dargestellt werden. Innerhalb der Gruppe liegt oft ein starkes Bildungsgefälle vor (vgl. Punkt 4), was zu Sprach- und Verständnisschwierigkeiten führt. Der Berufserzieher sollte in seinen sprachlichen Darlegungen berücksichtigen, daß Eltern kein begriffliches System der Erziehungswissenschaft gelernt haben, was von dem professionellen Pädagogen angenommen werden darf[31].
8. Eltern sind immer in ihren *Verhaltensweisen* betroffen. – In der Bildungsarbeit vom Kindergarten aus geht es immer um normative Ansprüche, und das berührt den Menschen ganz besonders. Von der Erzieherin wird hier sehr viel Einfühlungs- und Fingerspitzengefühl zu erwarten sein, da das Gespräch in jedem Fall auf ein Sollen hinausläuft, etwa in dem Sinne: das eine sollte man tun (z.B. in der Erziehung), das andere nicht.
9. Eltern sind als Lernende *nicht emotionslos*. – Was in unseren Elternbildungsaktivitäten (und Bildungseinrichtungen überhaupt) viel zu wenig bedacht wird, ist die Tatsache, daß es bei den Eltern emotionale Lernsperren gibt, ohne deren Berücksichtigung ein Lernprozeß nur sehr erschwert begonnen werden kann. „Sosehr die theoretische Annahme, jeder Erwachsene sei in der Lage, sachbezogen zu lernen, den Lehrenden auch beruhigen mag, bei nüchterner Beobachtung wird er feststellen, daß sehr häufig die persönlichen Zuneigungsgefühle des Lernenden diesem den Lernprozeß erleichtern ... Es geschieht keineswegs lediglich allein eine sachliche Wissensvermittlung, bei der ausschließlich rationale, intellektuelle Lernprozesse ablaufen, sondern es kommt zugleich durch emotionale Vorgänge (Gefühlsvorgänge und Affekte wie Zuneigung, Abneigung, Ärger, Trotz, Langeweile usw.) zu einer Förderung oder Behinderung des Lernvorganges.“[32]

10. In der Elternbildung vom Kindergarten aus ist die *Schichtzugehörigkeit* der Eltern zu bedenken, und zwar besonders im Hinblick auf erzieherische Vorgänge, wie a) elterliche Erwartungen und Disziplinierungen, b) Erziehung zum Leistungsstreben, c) Wertorientierung, d) Sprachverhalten[33].

a) „Die Eltern aus der Mittelschicht erwarten weitaus früher und häufiger als die aus der Unterschicht von ihren Kindern Mithilfe im Haushalt, Beaufsichtigung jüngerer Kinder und selbständiges Weglegen und Ordnen der Kleidung, und sie betreiben früher und energischer eine Erziehung zu eigenständigem Leistungsvermögen." ... Weiterhin hat man festgestellt, „daß die Eltern aus der Mittelschicht ihren Kindern gegenüber in den frühen Kindheitsjahren nachgiebiger sind", (besonders im Hinblick auf Spielverhalten, Reinlichkeit, Sexualität und Aggressivität), „daß ihre Erziehungspraktiken mehr auf die Methoden des Liebesentzuges eingerichtet sind und eine stärkere Verinnerlichung und Selbstkontrolle induzieren und daß sie gleichzeitig höhere Anforderungen und Erwartungen an ihre Kinder stellen, deren Erfüllung aber auch häufig belohnt wird; die Eltern aus der Unterschicht sind demgegenüber weniger nachgiebig, greifen häufiger zum Mittel der körperlichen Züchtigung, widmen der – mehr äußerlich bleibenden – Respektierung ihrer Regeln und Vorschriften stärkere Beachtung und stellen geringere Anforderungen und Erwartungen"[34].

b) Mit den schichtspezifischen Erziehungspraktiken zusammen hängt die Erziehung zum Leistungsstreben. Es konnte aufgewiesen werden, daß die Kinder aus der Mittelschicht ein bedeutend größeres Leistungsstreben zeigten als die Kinder der Unterschicht, und zwar entsprechend den jeweils unterschiedlichen Verhaltensweisen im Erziehungsstil[35].

c) Hinsichtlich der Wertorientierung stellte man fest, daß die Kinder aus der Unterschicht individuelle Anstrengungen eher für nutzlos halten, da die sozialen Positionen vergeben seien (passivistische Orientierung); daß sie ein mehr gegenwartsbezogenes Verhalten zeigen, statt auf lange Sicht zu planen und evtl. Konsumverzicht zu üben (gegenwartsorientiert); daß sie eher eine Tendenz zeigten, in der Nähe der Verwandtschaft zu verweilen (familistische Orientierung), während bei Kindern aus der Mittelschicht jeweils gegenläufige Orientierungen vorliegen (aktivistisch, zukunftsbezogen, individualistisch)[36].

d) Das Sprachverhalten von Eltern ist schichtspezifisch, und dies wirkt sich auch im erzieherischen Umgang mit ihren Kindern aus.

In der Unterschicht drücken sich Gefühlsbeziehungen eher unmittelbar durch Tonschwankungen, Lautstärke usw. aus, in der Mittelschicht mehr durch den Wechsel von Adjektiven usw. Unterschichtkinder sind vielfach auf ihr begrenztes Sprachverhalten festgelegt, während Mittelschichtkinder auch die Unterschichtensprache ohne große Schwierigkeiten lernen[37].
Die angedeuteten schichtspezifischen Sozialisationsbedingungen gilt es aber zu berücksichtigen, besonders wenn es in der Elternarbeit um Verhaltensänderungen geht. Es muß dann in Betracht gezogen werden, daß Eltern ihre Kinder schichtspezifisch erziehen und auch selbst schichtspezifisch erzogen sind und sich verhalten. Die schichtspezifischen Sozialisationsfaktoren müssen in der gesamten Kindergartenarbeit um so intensiver auf ihre Gültigkeit und ihre benachteiligenden Konsequenzen hin reflektiert werden, da die Kindergärtnerin in der Regel selbst nicht aus der Unterschicht kommt und schon deswegen nicht an deren Normen orientiert ist, aber auch von den gesellschaftlich dominierenden Kräften eher angehalten wird, sich nach den Mittelschichtnormen zu richten. (Jede dritte bis vierte Kindergärtnerin hatte nach der Veröffentlichung von G. Kietz, die sich auf Daten von 1962 bezieht, mindestens einen Elternteil mit einem Sozialberuf[38].)

Wichtige Nachbemerkung

Sobald man irgendwo von Schichten spricht, läuft man Gefahr, mißverstanden zu werden. Deshalb soll hier ausdrücklich darauf hingewiesen werden, daß es (a) bereits problematisch und einigermaßen willkürlich ist, wie man überhaupt zu Schichteinteilungen kommt; daß es (b) nur erlaubt ist, von einem „eher“ bzw. „mehr“ statt ausschließlich zu sprechen, d. h., Unterschichteltern verhalten sich eher so im Gegensatz zu Mittelschichteltern – es gibt also Ausnahmen; daß es (c) dennoch sinnvoll ist, von Sozialschichten zu sprechen, weil es diese in der Realität mit ihren charakteristischen Merkmalen gibt.

7. *Werbung für den Elternabend*

Wir müssen in der Elternarbeit vom Kindergarten aus mehr werben, als es bisher geschehen ist, um eine größere Anzahl der „richtigen“ Eltern in den Kindergarten aktiv zu integrieren. Hier sollen zehn Hinweise erfolgen, bei deren Verwirklichung sich wahrscheinlich die Besucherzahl an den Elternabenden vergrößern wird.

1. Man sollte ca. *fünf Wochen vorher* den Elternabend *ankündigen.*

Damit ist nicht die Einladung an die Eltern gemeint, sondern die Terminankündigung. Viele Eltern möchten ihre Termine disponieren und würden ganz sicher auch den Elternabend einkalkulieren, wenn sie rechtzeitig den Termin kennen würden. Es ist aber nun mal noch nicht Brauch, daß Eltern einen Besuch bei Bekannten und Verwandten, an dem sie Interesse haben, absagen, um zum Elternabend des Kindergartens zu gehen.

2. Sie könnten die *Kinder als Werbeagenten* des Elternabends einsetzen.

Diejenigen, die den größten Nachteil haben, wenn Eltern nicht mit dem Kindergarten zusammenarbeiten, sind die Kinder. Man sollte auch diesen im Rahmen der Möglichkeiten klarmachen, daß die Mitarbeit ihrer Eltern im Kindergarten wichtig ist, und versuchen, die Kinder zu einer Aktivierung und zu einem Engagement der Eltern für den Kindergarten zu bewegen. Das kann durch verbale Impulse an die Kinder geschehen, es ist aber auch denkbar, daß in der Gruppe bestimmte Aktivitäten für den Elternabend durchgeführt werden, wobei dann jedes Kind Interesse daran haben dürfte, daß auch *seine* Eltern kommen. Die Erzieherin kann auch die Kinder in der Gruppe einige Tage vor dem Elternabend fragen: „Wer von euch weiß schon ganz sicher, daß seine Eltern kommen?“ Auch das ist für die Kinder ein Ansporn, an ihre Eltern erneut heranzutreten und sie auf den Elternabend aufmerksam zu machen. (Ob man den Kindern einen von den Eltern zu unterschreibenden Zettel, in dem sie ihren Besuch zum Elternabend zusagen sollen, mitgibt, ist im Einzelfall zu entscheiden. Es dürfte mehr dagegen sprechen als dafür.)

3. Wir müßten die Eltern vorher *einladend ansprechen* und evtl. einen Besuch oder Anruf wagen.

Jeder weiß aus eigener Erfahrung, welch unterschiedliche Wirkung es hat, ob man zu einer Veranstaltung eingeladen wird durch einen evtl. noch ungünstig aufgemachten Zettel, der einem so gleichsam ins Haus flattert, oder ob Bekannte, die bei der Veranstaltung beteiligt sind, mit einer persönlichen Einladung an einen herantreten. Es gibt Einladungen, bei denen sich die Eltern überhaupt nichts denken müssen, und andere, bei denen sie allein schon deshalb der Einladung nachkommen, weil der Initiator sich soviel Mühe gegeben hat. Auch hier ist wichtig, an die „richtigen“ Eltern in der entsprechenden Form heranzutreten. Eltern, die immer anwesend sind, braucht man im allgemeinen nicht mehr besonders anzusprechen. Diese Energien sollte man für diejenigen verwenden, die man unbedingt am Elternabend dabei haben möchte. Wer sich entschließt, Eltern durch einen persönlichen Besuch in der Familie einzuladen, muß besonders viel Fingerspitzengefühl haben und Werbecharme entwickeln.

4. Für den Elternabend ist die Wahl eines *günstigen Wochentages* wichtig.
Es dürfte deutlich sein: kaum jemand läßt seinen Krimi ausfallen für den Elternabend. Sollte man Wert darauf legen, auch Väter am Elternabend zu sehen – und wer wollte das nicht? –, so hat es keinen Sinn, den Elternabend mit einem Fußballspiel konkurrieren zu lassen. Derjenige, der die größten Absatzschwierigkeiten für seine Ware hat, gibt in derartigen Fällen nach – also der Kindergarten. In der Regel wird man auch nicht mit dem Elternabend der Schule konkurrieren können. Die meisten Eltern dürften wohl in dem Fall die „Leistungsinstitution" eher durch ihren Besuch beehren. Mit der Schule müßte aber zuerst eine Absprache möglich sein. Wenn man schon sonst nicht vom Kindergarten aus mit ihr zusammenarbeitet, vielleicht kann man sich wenigstens terminlich absprechen!

5. Es ist vorteilhaft, die *schriftliche Einladung ca. drei bis fünf Tage vorher* herauszugeben.
Ich persönlich würde mich nicht freuen, wenn ich einen Tag vor dem Elternabend erst die Einladung bekäme, obwohl ich höchstwahrscheinlich trotzdem hinginge, wenn ich könnte. Bei anderen Eltern steht es vielleicht etwas anders. Die Einladung muß so frühzeitig zu den Eltern kommen, daß sie ihre Kurztermine ein wenig disponieren können, aber auch den Termin nicht vergessen; und nicht so spät, daß die Eltern schon allein deshalb verärgert sind und evtl. nicht kommen. Mir scheint und die Erfahrung lehrt, daß ca. fünf Tage da nicht ungünstig sind.

6. Die *Einladung* sollte so *attraktiv* wie möglich gestaltet sein.
In der Werbung gibt es sogenannte Reizwörter, und Elternarbeit ohne Werbung ist ein Unding. In der mündlichen wie schriftlichen Einladung spielt zum Beispiel die Wendung „Ihr Kind" eine hochbedeutsame Rolle. Einladungen müssen im Kollegium diskutiert und auf ihre Werbekraft hin überprüft werden, nachdem die Gruppenerzieherin sie entworfen hat. Wenn es das Thema und der Ablauf des Elternabends erlauben, solte man evtl. Arbeitsergeb-

nisse aus der Gruppe vorführen und dies in der Einladung ankündigen. Es müßten für Eltern schon große Barrieren existieren, wenn sie einer Einladung nicht folgen würden, in der steht, daß sie am Elternabend ihr Kind sehen (evtl. auf Dias) bzw. hören können (evtl. über eine Tonbandaufnahme). Das sind Einladungen, zu denen Eltern sofort einen Bezug haben. Der Text der Einladung, aber auch die Formulierung des Themas spielen eine wichtige Rolle. „Das Thema muß den Kern der Sache treffen und darüber hinaus auf angenehme Art Interesse und Aufmerksamkeit erregen." „Die elektrische Großmutter" zum Thema Fernseherziehung dürfte dafür ein gutes Beispiel sein[39].

7. Es ist günstig, wenn Sie am Kindergarten eine *Tafel mit allen Terminen* aushängen, und an Ihren Gruppenräumen eine *besondere Einladung.*

Geht man einmal davon aus, daß im Kindergarten Gruppenelternabende stattfinden, das heißt Elternabende für die Eltern nur einer Gruppe, nicht aber Massenelternabende, wo man lediglich Einwegkommunikation betreiben kann, so gibt es Eltern, die an dem Abend, an dem ihre Gruppe eine Veranstaltung vom Kindergarten aus hätte, nicht kommen können, aber sich gern mit dem Thema des Elternabens auseinandersetzen würden. Für diesen Teil ist es günstig, wenn man den betreffenden Eltern die Möglichkeit gibt, am entsprechenden Elternabend einer anderen Gruppe teilzunehmen. Dabei wird allerdings vorausgesetzt, daß die Themen der einzelnen Gruppen abgestimmt sind, was ja in der Regel auch ratsam ist. Es ist für diesen Fall günstig, wenn man die Termine für einen ganzen Zyklus von Elternabenden auf einer Tafel (ein Stück Pappe mit Filzstift beschrieben reicht aus) an sichtbarer Stelle des Kindergartens anbringt. Der Kindergarten sollte selbstverständlich eine Art Informationswand für Eltern und Besucher besitzen. Daneben ist es vorteilhaft, wenn der Kindergarten außerhalb noch einen Informationskasten anbringt. Auf den Gruppenelternabend sollte man aber am Eingang zum Gruppenraum nochmals deutlich aufmerksam machen mit einer besonderen Einladung für alle Eltern der betreffenden Gruppe. Die Eltern fühlen sich so wesentlich individueller und persönlicher angesprochen, als wenn eine Einladung an die Gesamtelternschaft des Kindergartens ergeht.

8. Wo immer es nutzbringend und möglich erscheint, sollte man auch über die *Presse und den Träger* einladen.

Den Umgang mit der Presse dürfen viele Kindergärten in Zukunft nicht so sehr scheuen wie bisher. Mancher Lokalberichterstatter freut sich auch, wenn er Termin, Themen und evtl. Referenten für den Elternabend im Kindergarten ankündigen kann. Man sollte davon ausgehen, daß er dafür auch ein, wenn auch geringes, Zeilenhonorar empfängt. Aber auch den Träger wird man für die Elternwerbung einsetzen, wo dies, wie z.B. bei kirchlichen Trägern, nützlich und sinnvoll erscheint.

9. Wir sollten zu Veranstaltungen des Kindergartens nicht nur die Eltern, sondern auch *die tatsächlichen Erzieher* der Kinder (und evtl. Freunde der Eltern) *einladen.*
Viele Mütter, die Kindergartenkinder haben, gehen arbeiten. Ja, bei manchen ergibt sich erst dadurch, daß das Kind in den Kindergarten geht, wieder die Möglichkeit, eine Berufsarbeit anzunehmen. Ob man das gut findet oder nicht, es ist eine Realität. Und es ist auch bekannt, daß ein Kind, das in einer verkürzten Zeit eine zufriedene Mutter hat, sich besser entwickelt, als wenn es dauernd eine Mutter hat, die unzufrieden ist, weil sie wegen des Kindes ihrem Beruf nicht nachgehen kann. Aus diesem Grund ist die arbeitende Mutter nun, auch vom Pädagogischen aus betrachtet, nicht etwas so Abscheuliches. Viele Kinder von arbeitenden Müttern werden aber von anderen Bezugspersonen, z.B. der Großmutter, betreut und erzogen. Wenn der Elternabend aber mit den Sinn haben soll, Erziehungskonzepte zwischen Kindergarten und Familie abzustimmen, dann erscheint es nur vernünftig, die eigentlichen Erzieher und nicht nur die Eltern des Kindes zum Elternabend einzuladen, und sich mit diesen auszutauschen.

10. Man kann das *Verhalten der Eltern* (positiv bzw. negativ) *verstärken.*
Eltern, die den Elternabend besucht haben, zeigten in diesem Sinne ein für die Erzieherin wünschenswertes Verhalten, während diejenigen, die nicht kamen, ein unerwünschtes Verhalten zeigten. Um erwünschte Verhaltensweisen zu erhalten und unerwünschte zu löschen, kann nun auch bei Erwachsenen mit angenehmen bzw. unangenehmen Konsequenzen gearbeitet werden. Konkret bedeutet das für die Elternarbeit, daß die Erzieherin sich bei den Eltern, bei denen es nicht selbstverständlich ist, daß sie zu jeder Elternveranstaltung kommen, in unauffälliger (!), aber wirksamer Form bedankt. Eltern, die nicht kamen, müßte man in einer für sie erträglichen Art erinnern und sie bitten, sich evtl. am nächsten Elternabend auch zu beteiligen. („Schade, daß Sie nicht zum Elternabend kommen konnten" oder ähnliches könnte man diesen Eltern sagen.)

Diese zehn Ratschläge zur effektiven Elternwerbung im Kindergarten sind kein Allheilmittel. Es dürften aber bei ihrer Verwirklichung mehr und vor allem auch die „richtigen" Eltern – also diejenigen, die nicht immer schon alles wissen, evtl. noch besser – sich am Elternabend beteiligen.

8. Der didaktische Katalog

Es ist ratsam, daß man wenige Tage vor dem Elternabend den folgenden Fragenkatalog, der Fragen von didaktischer Relevanz enthält, durchgeht. Er will lediglich eine Gedächtnisstütze sein und eine gewisse Selbstkontrolle ermöglichen. Man sollte sich folgende Fragen stellen:

- Gingen die Einladungen an alle Eltern?
- Wurden alle erreichbaren Eltern mündlich angesprochen und eingeladen? (Eventuell an Hand einer Namensliste noch ausstehende Eltern besonders ansprechen.)
- Wurden die sogenannten „richtigen" Eltern besonders eingeladen?
- Wurde die Ankündigung am Gruppenraum gemacht?
- Sind die Kinder animiert, ihre Eltern zum Elternabend „zu schicken"?
- Wurden die zu verwendenden Medien (Film usw.) kritisch gesichtet?
- Ist das Filmgerät besorgt und der Film durchprobiert?
- Ist die Organisation der Sitzmöglichkeiten angeregt?
- Ist abgeklärt, wer evtl. einen Bericht für die Presse schreibt und an diese weiterleitet?
  Und so weiter.

(Man möge diesen Katalog auf die eigenen Verhältnisse übertragen und dementsprechend ergänzen bzw. verändern.)

IV. Didaktische und methodische Vorschläge zu einzelnen Themen für den Elternabend

Vorbemerkung zu den Themenkonzepten
Bei den folgenden Angaben zu Elternabenden handelt es sich um Vorschläge, an denen sich die in der Praxis stehenden Erzieher orientieren können und die im konkreten Einzelfall entsprechend umzugestalten sind. Die Themenauswahl kann nicht erschöpfend sein.
Es ist zu unterscheiden zwischen Konzepten, die didaktisch und methodisch ausführlicher zubereitet sind (vgl. S. 78ff.), und solchen, zu denen nur knappe Angaben, vor allem aber Literaturvorschläge gemacht werden (vgl. S. 110ff.). Zum größten Teil aller für die Elternarbeit in Frage kommenden Themen konnte allerdings hier nur der Inhalt genannt werden (vgl. S. 115f.). Die didaktisch breiter ausgeführten Themen dürften aber in der Elternarbeit eine gewisse Vorrangigkeit haben. Es wird von „didaktischen" und „methodischen" Vorschlägen gesprochen, weil sowohl Inhalte und Ziele als auch Hinweise zum methodischen Vorgehen Berücksichtigung finden.

1. Ausführliche Konzepte

a) Elternabend zum Thema: „Was geschieht im Kindergarten?"

Bei der Vorbereitung jedes Elternabends sollte man nach den folgenden acht Fragen vorgehen:

1. Welche Ziele möchte ich bei den Teilnehmern erreichen?
2. Welche Inhalte muß ich auswählen und verwenden, um diese Ziele auch tatsächlich zu verwirklichen?
3. Welche Mittel (Filme, Hörspiele usw.) sollte ich einsetzen?
4. Welche Bücher und Aufsätze muß ich lesen, um für den Elternabend fit zu sein?
5. Welche methodischen Überlegungen muß ich anstellen und entsprechend realisieren, um die Ziele erreichen zu können?
6. Welche Situationsvoraussetzungen (anthropogene Vorausset-

zungen, wie Alter, Geschlecht usw.) der Lernenden sind zu berücksichtigen?
7. Welche Werbeaktivitäten (Einladungen usw.) muß ich verrichten, um einen möglichst großen Effekt zu erzielen?
8. Es ist vorteilhaft, einige Tage vor Beginn der Veranstaltung den „didaktischen Katalog" durchzugehen.

1. Ziele

Die Eltern sollen
- (im Überblick) erfahren, was der Kindergarten will: seine Ziele und Aufgaben, seinen Sinn, sein Konzept;
- (exemplarisch) kennenlernen, was dementsprechend im Kindergarten geschieht.

2. Inhalte – Abfolge und Schwierigkeiten

Entsprechend den Lernzielen, die man bei den Eltern erreichen möchte, wären am Elternabend folgende Inhalte zu bringen:
- das Konzept des Kindergartens (Ziele und Methoden, die man dort anstrebt);
- exemplarisch eine oder mehrere Aktivitäten, z.B. eine Stunde am Vormittag oder einen Tagesablauf usw.

In der *Abfolge* der Inhalte wäre es günstig, wenn die Aktivität (d.h. die Arbeits- oder Beschäftigungseinheit), die exemplarisch dargeboten werden soll, am Anfang des Elternabends steht. Danach erst könnte man auf Ziele und Methoden der Erziehung im Kindergarten eingehen (vgl. auch 5. Methodische Überlegungen, S. 90f.). Eine Auswahl aus den Tätigkeiten des Kindergartens ist bei diesem Thema unbedingt erforderlich, da es unmöglich ist, in zwei Stunden auch nur annähernd das reale Geschehen im Kindergarten darzustellen. Welche Aktivität des Kindergartens man herausgreift, hängt von den Intentionen des Veranstalters bzw. der Lernenden ab. Man sollte sich nach Möglichkeit an den Wünschen der Eltern orientieren. Äußern z.B. Eltern öfter den Wunsch, etwas über die Sprachförderung im Kindergarten zu erfahren, so wird dieser Bereich zunächst anderen Aktivitäten vorzuziehen sein. Glaubt man aber, der Kindergarten unterscheide sich in der Erziehung zur Konfliktlösung stark von der Erziehung zur Konfliktlösung in der Familie, so wird dieser Bereich den Vorrang haben. Es ist aber durchaus denkbar, daß man einen Zyklus von Elternabenden veranstaltet, etwas im Sinne eines *Elternseminars* (s. S. 67), und dabei den Eltern jeweils einzelne Ziele und Aktivitäten des Kindergartens exemplarisch vorstellt, z.B. 1. Abend: Sprachförderung;

2. Abend: Erziehung zur Konfliktlösung; 3. Abend: motorische und gestalterische Ausdrucksfähigkeit usw.
Den Eltern das Konzept bzw. die Ziel- und Methodenvorstellungen des Kindergartens zu vermitteln dürfte nicht ganz leicht sein, denn es geht hier um einen relativ abstrakten Stoff; der Kindergarten bzw. die einzelne Erzieherin arbeiten in der Regel nicht nach einem theoretisch entwickelten und schriftlich niedergelegten Konzept, was aber in Zukunft notwendig wäre; die Kindergärtnerin muß in vielen Fällen noch besser qualifiziert werden, ihre Arbeit theoretisch durchdrungen und systematisch darzustellen, was aber auch dringlichst erforderlich ist, soll nicht der Kindergarten weiterhin für viele Eltern ein Mysterium bleiben. Ich sehe aber gerade in der Verwirklichung dieses Vorschlags zum Elternabend eine besondere Chance, daß die Erzieherin zur Reflexion ihrer Arbeit kommt und diese systematisch darstellt und so evtl. zu einem Konzept gelangt.

Zur Frage „Was will der Kindergarten?" könnten Eltern erfahren, daß der Kindergarten durch seine Tätigkeit die folgenden Ziele bei den Kindern verfolgt:

Entwicklung der Fähigkeit, sich motorisch und gestalterisch auszudrücken (Expressivität);
Erwerb eines ... Grundwissens über Natur, Technik und gesellschaftliches Leben;
Aufbau des Problemlösungsverhaltens sowie des schöpferischen Denkens und Handelns (Intelligenz, Kreativität);
Mobilisierung und Stärkung des Lernverhaltens (Lernmotivation);
Entwicklung der Fähigkeit zur Spannungsregelung (Selbstregulation und Frustrationstoleranz);
Entwicklung zur Selbständigkeit und Erweiterung der auf Situationsverbesserung gerichteten Selbsttätigkeit;
Sensibilisierung und Aktivierung des Sozialverhaltens und der religiösen Orientierung (Sozialisation, Religiosität)[40].
(Diese Reihenfolge enthält keine Rangfolge.)
Eltern müssen weiter erfahren, daß der Kindergarten durch Anregung und Anleitung die kindliche Initiative freisetzt und fördert. Dabei sind vor allem zwei Bedingungen zu beachten: die Interessen des Kindes (Prinzip der Spontaneität) und die Auffassungsstufe des Kindes (Prinzip der Passung). Das Lernangebot bedarf, damit es an- und aufgenommen wird, auf seiten des Kindes einer gewissen Bereitschaft und eines angemessenen Entwicklungsstandes. Im einzelnen sind folgende *Lehr-Lern-Grundsätze* zu beachten:
Vorgehen in kleinen Lernschritten: Beachtung des individuellen Lerntempos durch Unterteilung der Gruppe ...;

Anregungen kognitiver Art sind mit Handlungs- und Spielsituationen zu verbinden;
Den Kindern sind Erfolge zuzuspielen; positive Verhaltensweisen der Kinder sind möglichst unmittelbar anzuerkennen (Sofortstärkung);
Mitbeteiligung der Erwachsenen (Unterweisen durch Mitlernen und Mitspielen);
Vorschulische Erziehung sollte nicht unter das Diktat bestimmter Leistungsforderungen gestellt werden. Alle entwicklungsfördernden und schulvorbereitenden Maßnahmen sollten unter dem Leitsatz „Im Spielen lernen" stehen.

3. Medien

Nehmen wir exemplarisch als Aktivität des Kindergartens einmal den Bereich der *Sprachförderung* heraus und tun so, als solle dieser den Eltern transparent gemacht werden. Als Medium käme hier evtl. das *Tonband* in Frage. Man könnte folgende Szene in der Kindergartengruppe aufnehmen: Die Erzieherin oder eine erwachsene Person arbeitet mit einer kleinen Gruppe von 5 bis 6 Kindern, abgesondert von der Hauptgruppe, im Seperatraum an einem Sprachförderungsprogramm. Da derartige Beschäftigungen sowieso nur relativ kurz sein dürfen, wäre es sehr gut möglich, eine Zeitspanne von ca. 20 bis 30 Minuten auf Tonband zu nehmen und diese den Eltern am Elternabend vorzuspielen und zu erläutern. Als Medium könnte aber auch das *Förderungsprogramm* selbst dienen, falls man z. B. mit einer „Mappe" arbeitet. (Zum Glück gelangen immer mehr Facherzieher des Kindergartens zu einer differenzierteren Betrachtung der „Vorschulmappen". Methodische Vorschläge für eine angemessene Verwendung der „Mappe" finden Sie in: M. und N. Huppertz, Rollenspiel und Vorschulmappe, Fellbach-Oeffingen 1975. Dort ist ebenfalls ein ausführliches Konzept für einen Elternabend zum Thema „Soll der Kindergarten Vorschulmappen benutzen?")
Als ergänzende Medien können hier auch *Dias*, die man von beschäftigten Kindern im Kindergarten angefertigt hat, eingesetzt werden. Von einigen Kindergärten wurde mir berichtet, daß sie einen Film über Kindergartenvorgänge gedreht und diese den Eltern vorgeführt hätten.

4. Literatur

Der Idealfall wäre, wenn der Kindergarten eine wünschenswerte, schriftlich fixierte Konzeption hätte und es keine Differenz gäbe zwischen dem, was in dieser Konzeption steht, und dem, was in der Alltagsrealität des Kindergartens geschieht. Die Erzieherin brauchte dann nur die Konzeption des Kindergartens vorzunehmen und diese den Eltern zu vermitteln. Dieser Idealfall kommt aber in der Wirklichkeit so gut wie gar nicht vor, da es bisher nur wenige Kindergärten gibt, die ein reflektiertes und evtl. schriftlich niedergelegtes Konzept haben (leider!), und weil dort, wo eines vorliegt, vielfach eine Diskrepanz besteht zwischen Konzept und Realität, also zwischen Anspruch und Wirklichkeit. Wie problematisch und wissenschaftlich ungesichert die gesamte vorschulische Angebotsgestaltung im derzeitigen Stadium noch ist, geht aus vielen Beiträgen hervor, die zu diesem Bereich veröffentlicht sind. Weil aber bisher keine Einigung über ein allgemein als wünschenswert anerkanntes Curriculum des Kindergartens besteht, ist es notwendig, daß die Erzieherin über ein Konzept nachdenkt und sich an diesem bei dem Versuch, den Eltern die Kindergartentätigkeit transparent zu machen, orientiert. Daß sie dazu, wie bei der Vorbereitung jedes anderen Themas, Literatur benutzt, ist selbstverständlich. Zur Zielreflexion des Kindergartens ist z.B. auf die folgende Literatur aufmerksam zu machen:

M. u. N. Huppertz, Rollenspiel und Vorschulmappe, Fellbach-Oeffingen 1975, S. 12–21.

H. H. Deißler, Pädagogische Aspekte zur Erziehung des Vorschulkindes im Hinblick auf den Freiburger Modellkindergarten, in: A. Sagi (Hrsg.), Der Freiburger Modellkindergarten, Freiburg i.Br. 1970, S. 31–44.
Es wird in diesem Beitrag besonders auf die Entfaltung der Motorik, die Entfaltung des sprachlichen Ausdrucks, die Annahme der Informationen über die Natur, das Verhältnis der Kinder zu den neu angebotenen Kulturtechniken: Lesen – Malen/Schreiben – Mathematik eingegangen. Zur Zielreflexion lese man besonders die Seiten 33–35. Der Fragenkatalog zu den einzelnen Bereichen, S. 39–44, dürfte auch für jeden anderen Kindergarten ein sehr nützliches Orientierungsinstrument zur Beobachtung der kindlichen Reaktionsart auf bestimmte Angebote sein.

H. H. Deißler, Der neue Kindergarten. Die erzieherische Gestaltung, Freiburg i. Br. 1974.

R. G. E. Müller, Vorschulerziehung, München 1971, S. 93ff.
Der Abschnitt „Allgemeine Zielsetzung und pädagogische Aufgaben der Vorschularbeit" gibt einen Überblick über formulierte Zielsetzungen und entsprechende didaktische Grundsätze. Die Erziehungsziele des Project Head Start, eines amerikanischen Vorschulprogramms, seien hier aufgeführt. Die Reihenfolge enthält keine Rangfolge: Die geistigen Fähigkeiten und Denkprozesse des Kindes zu verbessern und auszuweiten, seine Denkfähigkeit zu verbessern und es gut sprechen und argumentieren zu lehren; dem Kind in seiner sozialen und emotionalen Entwicklung zu helfen, indem Selbstvertrauen, Fähigkeit zum Ausdruck, Selbstdisziplin und Wißbegierde

ermutigt und gesteigert werden; den Kindern helfen, ein Erfahrungsdefizit auszugleichen; ihren Horizont zu weiten und Verständnis für die Welt, in der sie leben, zu wecken; dem Kind Gelegenheit zu Erfolgserlebnissen zu bieten und damit das Erlebnis von Mißerfolg und Frustration aufzuheben oder wenigstens zu mindern; eine Atmosphäre des Vertrauens zu entwikkeln, in der ein Kind bereitwilliger und lustbetonter lernen kann; Hilfen für die Entwicklung einer verantwortungsbewußten Haltung gegenüber der Gesellschaft und der Gemeinde im Kind und seiner Familie zu bieten; dem Kind und seiner Familie zu helfen, größeres Selbstvertrauen, Selbstbejahung und Würde zu entwickeln. Als Aufgaben des Erziehers gegenüber dem Vorschulkind werden genannt: „Der Erzieher muß ein Vertrauensverhältnis zum Kind herstellen; Geduld haben; helfen, Widerstände zu überwinden; die Anforderungen differenzieren; loben; bestätigen; anerkennen. In den Unterrichtsanfängen müssen berücksichtigt werden: Wechsel von Spannung und Lösung; Wechsel von Erregung und Beruhigung; Wechsel von Expansion und Ingression; Wechsel von geistig-intellektueller Belastung und psychischer Entlastung und Auflockerung; Wechsel von Spiel und Arbeit (motorische Entlastung); Wechsel von Arbeit und Erholung (Pausen); Alters- und Entwicklungsanpassung (Individualisierung); Lernmotive setzen."

W. Schulz, Vorklassenplanung im Zielkonflikt, in: Dokumentation Vorschulkongreß 1970, S. 196–206.

Der Beitrag von W. Schulz sollte gelesen werden, um nicht in einen Zielkonformismus zu geraten, wie ihn manche vertreten. In der Tat können „Vorschläge zur Änderung der Aufgabe und Behauptung von Ich-Ansprüchen ein Zeichen von Sozialreife sein" und ebenso die „Dimension der Mitentscheidung im sozialen Feld". Die Kindergärtnerin muß auch in der Lage sein, gegenüber parteipolitischen Äußerungen zur Vorschulerziehung und vor allem zu bestimmten allzu systemkonformen „Förderungsprogrammen" im Gespräch mit Eltern kritisch Stellung zu beziehen. Auch das gehört zur Qualifikation als Fachkraft für Erziehung. Der Artikel von Schulz gibt Impulse dazu.

Zur Ziel-Inhalt-Problematik in der vorschulischen Erziehung kann auch der Beitrag von G. Pause, Aufgaben und Ziele der Vorschulerziehung, in derselben Dokumentation, S. 22ff., besonders S. 30–33, gelesen werden.

Elternintegriertes Modell Freiburg-Landwasser:

In Freiburg-Landwasser haben Eltern eine Kindergarteninitiative gestartet und unter Mitarbeit eines Erziehungswissenschaftlers eine Konzeption zur vorschulischen Erziehung erstellt. Die Vorstellungen über „Ziele und Aufgaben" seien hier als Auszug der Gesamtkonzeption, die 121 Seiten umfaßt, wiedergegeben. Der Verfasser ist der Überzeugung, daß das Landwasser-Konzept im großen und ganzen von anderen Kindergärten als akzeptable und vor allem der Elternorientierung dienende Konzeption übernommen werden könnte. Die Konzeption hat den Vorteil, daß sie einerseits ziemlich deutlich und praktisch, auf der anderen Seite aber wiederum nicht so bis ins einzelne festgelegt ist, daß der relativen Autonomie der Erzieher im Kindergarten aller Spielraum genommen wird:

Ziele und Aufgaben vorschulischer Erziehung:
Umfassende Förderung der kindlichen Persönlichkeit beinhaltet a) eine Verlagerung der pädagogischen Bemühungen von der Behütung des Reifungsvorganges auf die Anregung und Stimulierung der latenten Möglichkeiten und b) die Einsicht über die schichtspezifischen Milieusperren und den Versuch, zu ihrer Überwindung beizutragen.

Umfassende Förderung der kindlichen Persönlichkeit:
Ein neues Nachdenken über die Ziele vorschulischer Bildungsförderung ist erforderlich infolge der neueren Erkenntnisse über die Beeinflußbarkeit der kindlichen Begabung und infolge der hohen Anforderungen einer rasch sich wandelnden Welt.
Die Bedeutung gezielter frühkindlicher Förderung wurde vorwiegend an der kognitiven Entwicklung erforscht und nachgewiesen. Dies darf nicht bedeuten, daß einseitig nur die intellektuellen Fähigkeiten ausgebildet werden sollen; eine solche Verengung kann nicht die Aufgabe vorschulischer Erziehung sein. Aufgabe vorschulischer Erziehung ist vielmehr eine umfassende Bildung möglichst vieler Fähigkeiten des einzelnen Kindes. Durch eine Vielfalt von Erfahrungen, die planmäßig gegliedert sind, werden gleichermaßen die körperlichen, sensomotorischen, emotionalen, motivationalen, sozialen, intellektuellen, sprachlichen u.a. Fähigkeiten entwickelt. Nicht das Erlernen bestimmter Fertigkeiten, wie Lesen, Schreiben, Zählen, sind anzustreben, vielmehr die Beherrschung allgemeiner Verhaltensweisen der verschiedenen geistig-seelischen Regionen des Menschen:

a) Kognitiver Bereich: beobachten – vergleichen – messen – in Beziehung setzen – orientieren. Die Kreativität, die schöpferische Gestaltung des Kindes, tritt in der Wertschätzung der Pädagogik zunehmend in den Vordergrund. Als deren wesentliche Merkmale gelten Einbildungskraft – Erfindungsgabe – Intuition – Offenheit – Beweglichkeit – Sinn für das Wesentliche. Auf Grund ihrer Bedeutung für die Zukunftsbewältigung sollen diese Merkmale im Vorschulalter – und nicht nur hier – bei jeder sich bietenden Gelegenheit berücksichtigt werden.
b) Sprachlicher Bereich: Entwicklung des Verstehens und des Gebrauchs der Sprache – Wortschatzerweiterung – syntaktische Förderung – Differenzierung des sprachlichen Verhaltens – Förderung der Sprachbereitschaft und Sprachgewandtheit – Ausgleich sprachlicher Benach-

teiligungen – Vermeiden falscher Verkindlichung. Ziel ist, daß alle Kinder an jener Sprache teilhaben, die das gesellschaftliche, kulturelle und politische Leben bestimmt.

c) Im Persönlichkeitsbereich: emotionale Ausgeglichenheit – altersangemessene Initiative – Entscheidungsfähigkeit – Mündigkeit.

d) Im Sozialbereich: erkennen und lösen von Konflikten – Hilfsbereitschaft und Einordnungsfähigkeit – Kontaktbereitschaft und Toleranz. Bewußte Sozialerziehung führt die Kinder zur Erkenntnis der Notwendigkeit von Selbstkontrolle und Umgangsregeln im Interesse eines humanen Gemeinschaftslebens.

e) Im Bereich der Lernvoraussetzungen: Aufgeschlossenheit – Neugier – Wißbegierde – Experimentierverhalten – Problembewußtsein – Lernfreude – Spontaneität. Hier wird der Grund gelegt für die Bereitschaft zu lebenslangem Lernen, für die Lust und Freude am Lernen und die Motivierung zu selbständigem und selbstgesteuertem Weiterlernen. Zu fördern sind alle Lernprozesse, welche aktivierendes und problemorientierendes selbständiges Verhalten begünstigen und zurückweichendes, blind anpassungsbereites Verhalten überwinden. Anzuregen sind Mut und Fähigkeit, Fragen zu stellen und so viele Informationen wie möglich und nötig einzuholen.

f) Im motorischen Bereich: Fähigkeit der Körperbeherrschung – Lagebewußtsein im Raum – Beherrschung der Feinmuskulatur.

Vorschulerziehung erstrebt nicht primär Beschleunigung der Entwicklung der Persönlichkeit, vielmehr die Bereicherung, Ausgestaltung und Aktivierung eines breiten Bandes möglicher Verhaltens- und Erlebnisweisen und ein Ernstnehmen der kindlichen Entdeckerfreude und Experimentierlust. Es gilt Programme vorzubereiten und anzubieten, welche die Kinder in diesem Sinne allseitig fördern und ihnen Freude bereiten.

Kompensatorische Erziehung

Die Tatsache, daß einerseits das Sprachverhalten eines Kindes relativ früh festgelegt wird, andererseits aber die Sprache und ihr Stil eine Fähigkeit ist, die erlernt werden kann und große Bedeutung für das schulische und gesellschaftliche Fortkommen des Kindes haben wird, verlangt von der vorschulischen Erziehung die Berücksichtigung dreier Voraussetzungen für das Sprechenlernen: die Motivation, zu lernen – die Anleitung beim Lernen – die Möglichkeit, zu üben. Sowohl die Möglichkeit, im täglichen Umgang zu üben, wie auch die Motivation und Anleitung zum Lernen sind je nach Elternhaus und Schichtenzugehörigkeit in sehr verschiedenem Grade gegeben. Ein Ausgleich ist in der Vorschulerziehung durch geeignete Sprachprogramme zu schaffen. Kinder aus erziehungsarmem Milieu werden sonst vom ersten Schultag an doppelt benachteiligt und holen den Vorsprung der anderen meist nicht mehr auf; denn während sie sich darum bemühen, sind ihnen die anderen bereits wieder vorausgeeilt.

Das Prinzip der Startgerechtigkeit für Kinder hinsichtlich der Bildungs- und Lebenschancen gebietet, Kindern aus bildungsschwachen Schichten durch ausgleichende Erziehungshilfe *vor* dem ersten Schuljahr intensiv zu helfen. Aus diesem Grund muß die vorschulische Förderung zu einem großen Teil kompensatorisch aufgebaut sein, indem sie Vernachlässigungen verschiedenster Art auszugleichen sucht: die pädagogische Arbeit kompensatorischer Förderung soll Rückstände und Lücken in der körperlichen, geistig-seelischen oder sozialen Entwicklung der Kinder überwinden helfen, kindliche Fehlhaltungen berichtigen, altersentsprechende Entwicklung fördern.

Vorschulerziehung und Schule

Vorschulische Erziehung erstrebt eine generelle Förderung aller Kinder bei einer verstärkten kompensatorischen Förderung der benachteiligten unter ihnen. Beides soll im Freiheitsraum schöpferischen, freien Spielens stattfinden. Dabei können durchaus bestimmte Programme vermittelt werden, die etwa auf Sinnesschulung, sprachliches und soziales Verhalten, Konzentrationsfähigkeit, Problembewußtsein u. a. zielen, aber dies nicht als punktuelle Einzelförderung, sondern im Rahmen einer Gesamtkonzeption, die möglichst alle Aspekte des Kindseins umfaßt.
Vorschulische Erziehung ist demnach nicht bloß Vorbereitung auf die Schule, sondern viel umfassender Vorbereitung für ein Leben in der Gesellschaft. Eine solche Vorbereitung führt gleichzeitig zur Schule hin, sofern diese dieselben Ziele verfolgt.
Wenn Vorschulerziehung einen guten Schulstart ermöglichen soll, so doch nicht in Anpassung an deren negative Aspekte wie überfüllte Klassen, abrupt einsetzenden Leistungszwang, Forderung nach stundenlangem Stillsitzen u. a., sondern auf eine Schule, welche individualisierend und differenzierend die Interessen, Fähigkeiten und Leistungen des einzelnen aufnimmt und sie auf die obengenannten Lernziele ausrichtet. Vorschulerziehung drängt auf Reform der Grundschule, ohne die eine Kontinuität nicht gesichert ist. Die Schule setzt bestimmte Normen, an denen gemessen wird, ob ein Kind schulreif ist oder nicht. Umgekehrt sind an die Schulen bestimmte Forderungen zu stellen, die sie erfüllen muß, um Kinder aufnehmen zu dürfen. Solche Forderungen wären: möglichst allen Kindern frühzeitig Hilfen zur Begabungsförderung geben – die Ergebnisse der vorschulischen Bildungsförderung besser als bisher berücksichtigen – sich vom starren Aufbau nach Jahrgangsklassen lösen – individualisieren und differenzieren – statt des Sitzenbleibens Fördermaßnahmen anbieten. In dieser Schule wird Schulreife nicht verlangt, sondern erworben. Zudem hängt es von der Art des Anfangsunterrichts ab, welchen Normen ein Kind genügen muß, um „schulreif" zu sein.

Methoden und Arbeitsweisen vorschulischer Förderung

Eine vorschulische Erziehungseinrichtung kann weder ein bloßer Aufbewahrungsort noch ein behütender Schonraum für ein scheinbar selbsttätiges Reifen des Kindes sein, sondern eine bewußt gestaltete Lebenswelt, welche gezielt anregt, behutsam lenkt und vielseitig herausfordert. Somit bekommen die Lernaktivitäten ein größeres Gewicht.

Individuelle Förderung
Die vorschulische Förderung geschieht individuell; denn jedes Kind kommt mit qualitativ und quantitativ verschiedenen Lernerfahrungen aus der Familie und weist dementsprechend einen je verschieden gearteten sachstrukturellen Entwicklungsstand auf. An diese Lerngeschichte gilt es anzuknüpfen, und das kann infolge der je anderen familiären und kulturellen Herkunft nicht in einer für alle Kinder gleichen Weise geschehen. Die Anregungen müssen möglichst so beschaffen sein, daß sie auch tatsächlich die individuell verschiedene Ansprechbarkeit und Sensibilität des Kindes treffen.
Es wird weder eine Einebnung der Unterschiede noch eine pauschale einheitliche Tätigkeit für alle Kinder erstrebt, sondern eine vielfältig stimulierende Lernumgebung verschiedenen Lernniveaus. Die unterschiedlichen Lernvoraussetzungen betreffen vor allem die allgemeine Leistungsmotivation, die Lernbereitschaft und das schon erreichte Sprachniveau. Die individuelle Betreuung achtet auf die richtige Motivation, das richtige Maß und auf die Kunst der kleinen Schritte.

Ermunterung zur Persönlichkeitsentwicklung
Um eine positive Persönlichkeitsbildung zu ermöglichen, bedarf es der Beachtung und Respektierung schon des kleinen Kindes. Die Entwicklung eines starken Ich, d.h. die Förderung der Selbstbestimmungsfähigkeit des Kindes, geschieht vornehmlich durch ein angstfreies, unbefangenes Leben in Geborgenheit und Sicherheit. Wenn das Kind das Gefühl hat, anerkannt und verstanden zu werden, kann es Selbstvertrauen und Selbstwertgefühl entwickeln und wird zu selbständig entdeckendem und entscheidendem Verhalten ermutigt.
Ungeeignet ist die teilweise noch vorherrschende Erziehungspraxis, Kinder in ihrer natürlichen Neugier und Wißbegierde einzuschränken und zu hemmen, ihre ungestümen, noch unvollkommen kultivierten Verhaltensweisen mit Sanktionen vorschnell in Richtung auf Bravheit und Anstand zu disziplinieren. Das natürliche Bedürfnis des Kindes, durch eigenes Tun selbständig zu werden, kann durch kleine Aufgaben mit Inhalt gefüllt werden.

Spielendes Lernen ohne Zwang
Nur eigenes freies Tun und Erleben vermitteln dem Kind Erfahrungen, die lernintensiv sind. Druck und Zwang haben – hier noch weniger als anderswo – kaum eine fördernde Wirkung; daher ist das Kind durch eine methodisch angereicherte Anregungswelt zu spontanem Tun aufzufordern, nicht aber zu gängeln und zu zwingen. Nur wenn die Tätigkeiten vom Kind erlebt und verstanden sind, fördern sie die emotionalen und kognitiven Kräfte. Nur durch einen lebendigen Bezug zum Inhalt kann das Kind sich aktiv beteiligen und durch eigenes Gestalten, sprachliche Formulierung,

wiederholendes Einüben u. a. eine Vertiefung erfahren. Die Kinder wählen zu einem großen Teil die Spielmaterialien selbst aus, die an ihrem Interesse und Entwicklungsstand entsprechen.

Gruppenzusammensetzung

Um eine Vielfalt von Arbeitsformen und Erlebnisweisen zu ermöglichen und dadurch viele Kinder zu spontanem Tun anzuregen, wird nach bestimmten Gesichtspunkten häufiger zwischen Einzelspiel, Partnerspiel, Spiel in Kleingruppen und Großgruppen gewechselt. Diese je verschiedenen Gruppen werden gebildet zur Förderung besonderer Eignungen und Neigungen einzelner Kinder, zum Lernen sozialer Verhaltensweisen, zum Ausgleich von Lerndefiziten, für Arbeitsvorhaben, die nur in bestimmter Gruppierung möglich sind.

Die Gruppen sind klein zu halten; pro Erzieherin sind höchstens 20 Kinder vorzusehen, da sonst eine individuelle und differenzierte Förderung des einzelnen nicht gewährleistet ist.

Spielprogramme

Die vorgesehenen Spielprogramme und Lernanregungen sind planmäßig zu gliedern, um die Fähigkeiten der zwischenmenschlichen Beziehungen, des Gefühlslebens, des Selbständigkeitsstrebens, des Willens zum Weiterlernen u. a. schrittweise zu entwickeln. Immer erneut ist herauszufinden, durch welche Arten von Erfahrungen die Interessen, Motivationen, Fähigkeiten und Erlebnisweisen des Kindes erweitert, vertieft und in Richtung auf eine universelle Gesamtentwicklung bereichert werden können. Es ist darauf zu achten, daß die seelisch-geistigen Vermögen des Kindes nicht isoliert angesprochen werden: Spielprogramme für die soziale Förderung appellieren gleichzeitig an Vernunft und Einsicht, umgekehrt stärkt die in der Gruppe gemeinsam versuchte Lösung kognitiver Probleme die sozialen Bezüge der Partnerschaft und Kooperation.

Der Strukturplan des Deutschen Bildungsrates nennt folgende Kriterien eines guten Programms:

- Es bietet viele Möglichkeiten für soziales Lernen;
- es berücksichtigt die individuellen Unterschiede der Kinder und ihre besonderen Bedürfnisse;
- es geht von der unmittelbaren Umgebung des Kindes aus;
- es gibt den Kindern genügend Zeit, um sich frei und durch vielerlei Medien auszudrücken;
- es erlaubt dem Kind den Einsatz seines ganzen Körpers und gewährt genügend Ruhepausen;
- es legt den Grund für späteres Lernen und achtet auf Krisenpunkte in der Lernentwicklung;
- es beteiligt die Interessen und Bedürfnisse der Eltern, indem der sozialkulturelle Hintergrund der Kinder bei der Programmgestaltung mitreflektiert wird und die Eltern durch die Erzieher beraten und an der Planung beteiligt werden.

Raum- und Zeitgestaltung
Der Raum wird mit ausgewählten Spielsachen und Arbeitsmaterialien so ausgestattet, daß er die Kinder zu Spiel und selbständigem Tun anregt. Eine zweckmäßige und überschaubare Anordnung und leicht zugängliche Regale ermöglichen die Eingewöhnung in eine Ordnung. Bei der Gestaltung des Tages sollten einseitige Überbeanspruchungen, Leerläufe und Verlegenheitshandlungen vermieden werden. Es muß genügend Raum und Zeit für die Initiative der Kinder bleiben.

Die Erzieherin
Die Erzieherin verzichtet auf eine Mittelpunktstellung. Sie vermittelt vielmehr vom Rande des Geschehens her die unmittelbare, lebendige und erfolgreiche Begegnung zwischen Kind und Sache sowie zwischen den Kindern untereinander. Es werden hohe Anforderungen an sie gestellt: sie muß

- den Entwicklungsstand eines Kindes beurteilen und die entsprechenden pädagogischen Hilfen bestimmen können;
- Gruppenprozesse beobachten und lenken und in Abstimmung mit den Lernzielen die Gruppenzusammensetzung beweglich gestalten können;
- das didaktische Material kennen und funktionsgerecht einsetzen können;
- die eigene Arbeit reflektieren und überprüfen können (vgl. Strukturplan, S. 118).

Gefahren
Die pädagogische Arbeit im Vorschulbereich hat sich vor folgenden Gefahren zu hüten:

1. atomistisches Aneinanderreihen verschiedenster Programme ohne einheitlichen Stil. Unser Vorschulplan erhält sein Profil durch den sprachlich-musischen Akzent;
2. eine von den Lebenssituationen und Handlungen isolierte, abstrakte Denkerziehung;
3. eine unkritische Normierung der kompensatorischen Erziehung an den Mittelschichtnormen;
4. eine Verschulung, d.h. eine unreflektierte Ausrichtung der Methoden und Ziele an der gegenwärtigen Grundschule.

Übergang zur Grundschule
Die vorschulische Förderung ist nur dann sinnvoll, wenn sie in der Grundschule bruchlos aufgenommen und kontinuierlich weitergeführt wird. Die Tendenz des Lernens geht dabei mehr vom Erleben zum Erkennen, vom Tun zur Technik, vom Anschauen zum sprachlichen Erfassen und zum Begriff. Erfahrungen werden zunehmend bewußt gemacht, reflektiert und auf Sachklärung hingeführt.
Auf örtliche Absprachen zwischen Vorschule und Grundschule wird bevorzugter Wert gelegt.

5. Methodische Überlegungen

a) Wichtiger Hinweis auf eine Gefahr: Das Thema dieses Elternabends birgt die Gefahr, daß man es zu akademisch behandelt; hier liegt nämlich, wie schon erwähnt, ein sehr abstrakter und systematischer Stoff vor. Ziele sowie entsprechende Einsetzung von Methoden und Medien sind Kernstücke systematischer Pädagogik. Deshalb müßte am Anfang des Elternabends auf jeden Fall ein Ausschnitt aus der Kindergartenpraxis stehen. (Man sollte also anfangen mit dem Teil „Was *tut* der Kindergarten?") Erst dann könnte die Zielproblematik („Was *will* der Kindergarten?") an die Eltern herangetragen werden, indem man zunächst evtl. *ein* Ziel exemplarisch herausgreift und dieses an sehr konkreten und praktischen Beispielen erläutert.

b) Vorschlag zum konkreten Ablauf: Impulsmethode (vgl. S. 55ff.). Den konkreten Ablauf dieses Elternabends kann man sich in drei Phasen vorstellen:

Phase 1: Darstellung eines Wirklichkeitsausschnittes aus dem Kindergarten durch: Referat, Hörspiel vom Tonband, Dias mit Kommentar, Film mit Kommentar, Arbeit der Eltern an einem Sprachförderungsprogramm oder ähnlich. – Anschließend Gespräch.

Phase 2: Darstellung *eines* (ausgewählten) Zieles, z. B.: Wir wollen die Kinder zu einem wünschenswerten „sozialen Verhalten" erziehen. Dieses Ziel muß dann unbedingt am konkreten Fall erklärt werden, z. B. könnte berichtet werden, wie man Kinder ihre Konflikte selbst austragen und sich selbst regulieren läßt (Grenzen, aber vor allen Dingen Möglichkeiten aufzuzeigen). – Anschließend Gespräch.

Phase 3: Zusammenfassende Darstellung der Hauptziele der Kindergartenerziehung. Diese Ziele müßten etwa auf dem Abstraktionsniveau von Grobzielen für die Eltern verständlich formuliert und mit je einem Beispiel aus der Praxis kurz belegt werden (vgl. Ziele aus dem Landwasser-Konzept, S. 84ff.). Man könnte Ziele und Beispiele auf einem Blatt für die Eltern, verständlich und konkret formuliert, zusammenstellen. Es muß aber dann darauf geachtet werden, daß man hier nicht doch noch zu abstrakt und systematisch wird. Möglicherweise könnte das Blatt mit den Zielen den Eltern auch zur weiteren Diskussion und Orientierung mit nach Hause gegeben werden, wobei die Formulierungen aber sehr klar und deutlich sein müßten. – Anschließend Gespräch.

6. *Anthropogene Voraussetzungen*, s. S. 68ff.

7. *Werbung für den Elternabend*, s. S. 72ff.

8. *Didaktischer Katalog*, s. S. 77.

---

b) Elternabend zum Thema:
„Erziehungsstile im Kindergarten und in der Familie“

1. Ziel
Die Eltern sollen bei dieser Veranstaltung lernen,
- erzieherisches Verhalten auf pädagogische Qualitäten hin kritisch zu beurteilen;
- eigenes Verhalten zu reflektieren;
- wie ihre Reaktionen in erzieherischen Konfliktsituationen des Alltags verbessert werden können.

2. u. 5. Inhalte und Methoden
Dieser Elternabend kann entsprechend seinen Zielen nur streng teilnehmerzentriert vor sich gehen und muß zudem inhaltlich und methodisch in besonderem Maße offen und flexibel gestaltet werden.
Methodisch könnte man sich folgenden Weg denken:
- Die Eltern erhalten zwei Blätter mit ca. sechs Konfliktsituationen aus dem Alltag, in denen vom Erzieher eine Reaktion erwartet wird. Die Situationen sollten den realen Verhältnissen der Eltern entsprechen können. Es müßten also Alter und sonstige situative Bedingungen der Kinder berücksichtigt werden.
- Die Eltern ergänzen die Situation, indem sie sich in die Lage der betreffenden Erzieherperson versetzen und spontan zu Papier bringen, was sie selbst im betreffenden Fall gesagt bzw. getan hätten.
- Gegebenenfalls werden die beschriebenen Bögen eingesammelt und die gleichen (leeren) Bögen nochmals verteilt.

- Jede der sechs konfligierenden Situationen wird dann durchreflektiert, indem man einige Eltern ihre Äußerungen und Reaktionen vortragen bzw. nochmals nennen läßt. Jede Äußerung wird mit den Eltern auf ihre Vor- bzw. Nachteile hin durchdiskutiert. Der Leiter sollte hier darauf achten, daß die Eltern sich in der Beurteilung der pädagogischen Reaktionen üben und daß sie genügend zu Wort kommen, nicht aber er selbst mit seinem Urteil vorschnell zur Stelle ist. Andererseits soll aber auch für alle Eltern deutlich werden, wieso manche Äußerungen eher angemessen und andere eher unangemessen sind.
- Für jede Situation müssen die Elemente einer optimalen pädagogischen Reaktion darauf herausgestellt und begründet werden (Beispiele s.u.).
- An einer passend erscheinenden Stelle des Abends muß vom Leiter ein längerer Beitrag über Erziehungsstile und die Reaktionen von Kindern darauf gebracht werden (Zwischenexkurs, s.u.).

Der *Einstieg* könnte so erfolgen:

Liebe Eltern, der heutige Abend soll dazu dienen, daß wir über erzieherische Verhaltensformen miteinander ins Gespräch kommen. Wir würden gerne mit Ihnen darüber sprechen, wie man sich in bestimmten Situationen, die wir im Alltag mit unseren Kindern erleben, verhalten bzw. nicht verhalten sollte. Wir haben uns methodisch nun etwas anderes einfallen lassen als den herkömmlichen Vortrag, und ich möchte Sie fragen, ob Sie mit einem anderen Vorgehen auch einverstanden sind. Wir haben für Sie einige Situationen erarbeitet und wollen Sie bitten, dazu als Erzieher Stellung zu nehmen, so wie Sie es sonst auch tun würden. Wenn Sie mit dem etwas neuen Weg einverstanden sind, dann können Sie die Bögen, die Sie dabei erhalten, anschließend abgeben. Ich würde sie einmal anschauen, um evtl. an einem späteren Elternabend nochmals etwas dazu zu sagen. Es ist nicht notwendig, daß Sie den Namen auf das Blatt schreiben. Wenn Sie es wünschen, können Sie natürlich auch den ausgefüllten Bogen mit nach Hause nehmen. Es steht Ihnen völlig frei. Wichtig für unsere spätere Diskussion ist nur, daß Sie Ihre Gedanken zu den einzelnen Situationen möglichst spontan zu Papier bringen.

Der *Zwischenexkurs* zum Thema Erziehungsstile müßte etwa folgende Inhalte haben:

- Umschreibung der einzelnen Stile: demokratisch (sozial-integrativ, freiheitlich), autokratisch (autoritär), laissez-faire;
- Wirkweise der einzelnen Stile auf Kinder und Jugendliche;
- Darstellung der Gruppenexperimente von Lewin (vgl. die Literaturangaben S. 100, besonders Huppertz, Klafki, Lewin).

Konfliktsituationen, die man den Eltern als Übungsmaterial vorlegen könnte:
(Schreiben Sie bitte auf, was Sie in den folgenden Situationen gesagt bzw. getan hätten.)

A Zwei 7jährige Jungen wollen mit demselben Ball spielen. Der körperlich stärkere Junge kann den Ball an sich reißen, gibt dem anderen einen Tritt und läuft ein Stück weiter, um allein zu spielen. Dieser läuft zu seinem Vater und weint. Da sagt der Vater: ...
(Etwa nach jeder Situation ein Drittel DIN-A4-Blatt freilassen.)

B Ein 10jähriger Junge hat ausnahmsweise eine schlechte Rechenarbeit geschrieben. Er hat Angst, dies den Eltern zu sagen, und läßt 5 Minuten, bevor er zur Schule geht, die Arbeit unterschreiben. Als der Vater das Heft und die Note sieht, sagt dieser: ...

C Ein 4jähriges Mädchen soll morgens in den Kindergarten gehen. Es setzt sich auf den Boden und sagt: „Ich gehe heute nicht in den Kindergarten!" Da sagt die Mutter: ...

D Eine Mutter geht mit ihrem 5jährigen Jungen einkaufen. Als sie aus dem Geschäft kommen, bemerkt sie, daß der Junge eine offene Tüte Bonbons hat. „Wo hast du die her?" fragt die Mutter. Der Junge antwortet: „Aus dem Laden!" Da sagt die Mutter: ...

E Der Vater macht mit seiner 5jährigen Tochter aus, daß sie vor dem Zubettgehen noch eine bestimmte Fernsehsendung anschauen darf. Nachdem die Sendung zu Ende ist, sagt der Vater, daß es nun Zeit sei, ins Bett zu gehen, und erinnert an die Abmachung. Das Mädchen weigert sich nun aber, ins Bett zu gehen, woraufhin der Vater sagt: ...

F Die Mutter kocht, am Küchentisch sitzen die Geschwister, sie sind recht unruhig. Zufällig sieht die Mutter, wie der größere Junge dem kleineren Mädchen mit der Hand ins Gesicht schlägt. Die Mutter sagt daraufhin: ...

Beurteilungskriterien, nach denen die einzelnen Reaktionen der Eltern bewertet werden können:

Greifen wir einige Elternaussagen heraus, die von einer Seminargruppe angehender Sozialpädagogen grob nach den Kategorien „einwandfrei", „akzeptabel" oder „fragwürdig" beurteilt wurden. (Als „einwandfrei" zu beurteilende Elternaussagen kamen selten vor.)

Situation A (siehe oben)
Als akzeptabel zu bezeichnende Äußerungen:

„Er (der Vater) soll mit dem 7jährigen sprechen, ob nicht beide zusammen spielen könnten."
„Ihr könntet doch alle beide mit dem Ball spielen. Allein ist es doch gar nicht so schön wie zu zweit."

„Das war aber nicht nett von dem ... Kennst du ihn? Weißt du, wie er heißt? Wahrscheinlich hat der Junge noch nicht gelernt, daß man ein Spielzeug auch miteinander teilen oder es nacheinander haben kann. Vielleicht können wir gelegentlich mal mit ihm darüber reden."

Als fragwürdig zu bezeichnende Aussagen:

„Der Vater hält sich aus dem Streit der Kinder heraus."
„Er mischt sich am besten nicht ein."
„Ich kaufe dir einen eigenen Ball."
„Weinen ist hier fehl am Platz. Entweder man einigt sich in Güte mit dem Jungen, oder man sucht sich andere Spielkameraden."

Die Aussagen, die von Eltern in dieser Situation getan werden, lassen sich in solche einteilen, die als Ziel ein Sozialverhalten bekunden, und andere, die auf eine typisch individualistische Erziehung schließen lassen. Eine als angemessen zu bezeichnende Aussage müßte auf jeden Fall erkennen lassen, daß die Intention besteht, die Kinder zum gemeinsamen Spiel anzuregen und nicht jedem Kind „seinen Ball" zu geben. Der Ball ist ein „soziales Spielzeug", und ein soziales und kooperatives Verhalten muß als wichtigstes Erziehungsziel angesehen werden. – Auch ein Laissez-faire-Elternverhalten, wie es sich in einigen Aussagen zeigt, muß kritisiert werden. Manche Eltern werden es wahrscheinlich für besonders freiheitlich halten, hier überhaupt nicht zu interagieren. Dabei liegt die häufig anzutreffende Verwechslung zwischen freiheitlicher und einer falsch verstandenen „antiautoritären" Erziehung vor. Eine optimale Reaktion in der hier vorliegenden Situation müßte in irgendeiner Form auch eine Mißfallensäußerung über das Verhalten des aggressiven Kindes enthalten, wie z.B.: „Das war aber nicht nett von dem ..." oder ähnlich.

Situation B (s. S. 93)
Als akzeptabel zu bezeichnende Äußerungen:

„Das ist zwar keine gute Arbeit, die du mir zeigst. Du hättest ein wenig eher kommen können, aber deswegen brauchst du keine Angst zu haben. Heute nachmittag sehen wir uns die Fehler an und überlegen, wie sie berichtigt werden können."
„Daß du jetzt erst kommst, zeigt, daß du ein schlechtes Gewissen hast. Aber – woran das Ergebnis wirklich liegt, können wir ja später mal besprechen. Nur: bitte, komme auch mit einer verhunzten Arbeit das nächstemal eher; du weißt, wir können über alles reden. Und daneben geht bei jedem mal etwas."

„Du brauchst keine Angst vor mir zu haben, wir können deine Probleme zusammen besprechen."

Als fragwürdig wären folgende Aussagen zu bezeichnen:

„Eine Woche Hausarrest. Und Sperre des Taschengeldes für eine Woche."
„Warum hast du die Arbeit gestern nicht gezeigt?"
„Nächstes Mal kommst du früher!"

Eine als angemessen geltende Reaktion in dieser pädagogischen Situation sollte vor allem auf irgendeine Art Verständnis für die Situation des Schülers zeigen. Sie sollte ermutigen und Vertrauen weckend sein, nicht aber ängstigend. Der Erzieher müßte hier auch darauf bedacht sein, das Angstmotiv des Kindes herauszufinden.

Situation C (s. S. 93)
Als akzeptabel zu bezeichnende Äußerungen:

„Wenn du heute keine Lust hast, bleibe halt daheim. Nur mußt du dich dann allein beschäftigen, denn Mutti muß ihre Hausarbeit erledigen." Das Kind sollte wählen können und selbst die Erfahrung machen, daß es vielleicht zu Hause langweiliger ist.
„Du kannst heute mal zu Hause bleiben, und morgen gehst du wieder."
„Sieh mal, wie schön die Sonne scheint. Wir gehen gleich zusammen einkaufen, gehen am Kindergarten vorbei und sehen, ob ihr heute vielleicht im Kindergartenpark spielt, und wenn du dann keine Lust hast hinzugehen, darfst du heute einmal zu Hause bleiben. Dafür wird es ein andermal um so schöner im Kindergarten sein."

Als fragwürdig wären folgende Aussagen zu bezeichnen:

„Dann bleibst du halt hier, aber nach draußen geht es nicht!"
„Sie erklärt dem Kind in Ruhe, warum es in den Kindergarten gehen muß."
„Dann bleibst du eben zu Hause, die anderen Kinder können auch ohne dich spielen."

Bei dieser Situation sind grundsätzlich zwei Möglichkeiten zu unterscheiden: einmal kann der Fall vorliegen, daß das Kind tatsächlich in den Kindergarten muß, weil die Mutter arbeiten geht oder evtl. sonst etwas Dringliches zu erledigen hat. Es kann aber auch sein, daß das Kind durchaus zu Hause bei der Mutter bleiben kann. Eine als voll angemessen zu betrachtende Aussage müßte mindestens den Verständnisaspekt enthalten sowie auch dem Grund nachgehen, warum das Kind nicht in den Kindergarten gehen möchte. In einem Fall wurde folgendes geschrieben: „Du weißt, ich muß gleich zur Arbeit. Aber sag mal, hast du Kummer gehabt?

Hat Frl. ... mit dir geschimpft? Wenn ich dich heute Mittag abhole, besprechen wir das alles mal."

Als akzeptabel zu bezeichnende Äußerungen:

„Die Waren im Laden müssen zuerst bezahlt werden. Bring dem Kaufmann das Geld, dann kannst du die Bonbons mitnehmen."
„Komm, wir bringen die Bonbons gleich zurück; denn man darf aus einem Geschäft nicht etwas mitnehmen, ohne zu bezahlen. Nächstes Mal fragst du mich, ob wir welche kaufen können."

Als fragwürdig wären folgende Aussagen zu bezeichnen:

„So was soll nie mehr vorkommen; man darf nicht die Sachen wegnehmen, ohne zu bezahlen. Du weißt genau, was wir die ganze Zeit schon besprochen haben. Man darf nie was nehmen, was einem nicht gehört."
„Man stiehlt nicht!"
„Das gehört sich nicht. Bevor man etwas aus einem Geschäft nimmt, bezahlt man es zuerst."

Zu einer angemessenen pädagogischen Reaktion in dieser Situation gehört mindestens, daß man eine Grenze setzt, was auch fast alle Eltern tun. Dabei spielt aber die Form eine Rolle. Die Moral allein, z.B.: „Man tut das nicht!", reicht nicht aus. Eigentlich müßte auch eine Begründung der Norm (daß man bezahlt, was man nimmt) erfolgen. Es kann sehr wohl einem 5jährigen Kind erklärt werden, wieso man für Geld etwas bekommt, bzw. wieso es vernünftig ist, daß jeder, der etwas kauft, dies auch bezahlt.

Situation E (s. S. 93)
Als akzeptabel zu bezeichnende Äußerungen:

„Abmachungen müssen eingehalten werden. Du verlangst auch von anderen, daß sie Versprechen einhalten, wenn du dafür eine Gegenleistung bringst."
„Wenn man etwas versprochen hat, dann muß man es auch halten, sonst kann man keine Abmachungen mehr treffen. Der Vater erklärt auch, daß er die Abmachung, die Sendung zu sehen, auch eingehalten hat."

Als fragwürdig zu bezeichnende Äußerungen:

„Wenn du jetzt nicht ins Bett gehst, kannst du morgen nicht fernsehen."
„Der Vater sagt nichts, sondern handelt: ... woraufhin der Vater die Tochter ruhig, ohne viel zu reden, ins Bett bringt und sich dann nicht mehr um sie kümmert. Sie wird, wenn sie etwas Theater gemacht hat, schon schlafen."
„Du darfst dafür morgen nicht fernsehen."
„Ich bin jetzt ziemlich traurig. Ich dachte, du wärst schon so groß, daß man sich mit dir verabreden kann."

Eine als einwandfrei zu bezeichnende Reaktion sollte folgende Elemente enthalten: Es müßte darauf hingewiesen werden, daß „Abmachungen einzuhalten sind". Das ist eine Norm, über die kaum Uneinigkeit besteht. Diese Norm wäre aber zu begründen, welches ethische Argument hier auch der Erzieher für richtig halten mag. Günstig wäre zudem, wenn die Aussage noch einen gewissen Verständnisaspekt enthalten würde, etwa in dem Sinne: „Ich kann zwar verstehen, daß du noch weiter fernsehen möchtest, aber..."

Situation F (s. S. 93)
Als akzeptabel zu bezeichnende Äußerungen:

„Das tut man nicht. Stell dir vor, dir würde jemand ins Gesicht schlagen. Bald wird deine kleine Schwester dich wieder zurückschlagen, und so streitet ihr euch, anstatt schön miteinander zu spielen. Kommt, ich hole jedem von euch ein schönes Spielzeug aus eurem Spielschrank und spiele ein wenig mit euch."

Als fragwürdig zu bezeichnende Aussagen:

„Nicht viel reden, den Störenfried vom Tisch entfernen."
„Hört auf zu streiten! – Die Mutter mischt sich aber weiter nicht ein."
„Am besten sagt die Mutter gar nichts, da sie doch nicht weiß, weshalb der Junge geschlagen hat."
„Entschuldige dich bei deiner Schwester."

Folgende Elemente müßte eine einwandfreie erzieherische Reaktion aufweisen: Das Verhalten muß auf jeden Fall kritisiert werden. Eine Begründung, warum man den anderen nicht schlägt, müßte gegeben werden (Konflikte sollen anders gelöst werden; gesundheitlicher Aspekt; Ungleichheit der Betroffenen usw.). – Einige der zuletzt genannten Elternaussagen weisen deutlich auf einen Laissez-faire-Stil hin.

Besonders gilt es bei diesem Elternabendkonzept noch *zu beachten:*

a) Der Elternabend kann in dieser streng teilnehmerzentrierten Form nur in einer relativ *kleinen Gruppe* durchgeführt werden. Die Sitzanordnung sollte so sein, daß man etwa in *Kreisform* an Tischen sitzt, so daß gute Schreib-, aber auch Kommunikationsmöglichkeiten gegeben sind. Man kann davon ausgehen, daß die Eltern in der Regel kein *Schreibzeug* mitbringen; deshalb muß dieses bereitgestellt werden.
b) Im Hinblick auf die hier vorgeschlagene Konzeption sollte man sich nicht sklavisch verhalten, sondern *flexibel* und von der jeweils gegebenen Situation ausgehen. Zum Beispiel muß man sich, was die Auswertungsmethode der Fragebögen betrifft, nach den Wünschen der Eltern richten, usw.
c) Vom Inhaltlichen her betrachtet, ist es wichtig, den Eltern zu erklären, daß es sich bei den Erziehungsstilen um „reine" Formen, also sogenannte „Idealtypen" bzw. theoretische Konstrukte handelt, die so in der Realität nicht vorkommen müssen (vgl. dazu besonders Klafki, Erziehungswissenschaft I, S. 88). Eine erzieherische Äußerung bzw. Reaktion, allein und für sich betrachtet, macht also noch keinen Erziehungsstil aus.
d) Besonders herauszustellen ist der Unterschied zwischen einem *sozialintegrativen* (demokratischen) Erziehungsstil und einem *Laissez-faire*-Stil, da hier ständig Verwechslungen stattfinden.
e) Es ist wünschenswert und eigentlich notwendig, sich bei der Vorbereitung dieses Elternabends auch mit den Themen der *antiautoritären* Erziehung und dem Thema „Strafe in der Erziehung" (vgl. S. 114f.) zu beschäftigen.
f) Auch die Grundfrage der Verlaufsform, nämlich die *Situationsmethode,* bei der die Eltern sich schriftlich äußern sollen, hat natürlich ihre *Probleme.* Es ist z.B. zu beachten, daß die Eltern sich hier nur verbal bzw. schriftlich äußern und ihre Reaktion eine durchaus andere sein kann, wenn sie in der Realität erzieherisch wirksam werden sollen. Jedenfalls darf man nicht schließen, daß jemand so, wie er sich schriftlich und auf der kognitiven Ebene äußert, sich immer auch in der Wirklichkeit verhält. Es gibt eine gewisse Wahrscheinlichkeit, nach der die Verhaltensweisen sich entsprechen. Man muß aber beachten, daß in der Realität der ganze Mensch, also auch der emotionale Bereich, mit im Spiel ist und daß die Eltern in der Situation, in der sie sich zu bestimmten erzieherischen Vorgängen äußern, sich vielfach so verhalten, wie sie glauben, daß es von ihnen

erwartet wird und es der Referent für gut hält. Die vorgeschlagene Situationsmethode hat also ihre Grenzen, während sie aber andererseits eine gute Möglichkeit bietet, eher an die Einstellungen der Eltern heranzukommen.

3. Medien

Je nachdem wie der Elternabend zum Thema „Erziehungsstile" gedacht ist, hat man verschiedene Möglichkeiten des Medieneinsatzes.

Man könnte erstens, wie es in diesem Konzept vorgeschlagen wird, über erzieherische Konfliktsituationen, bei denen der Erzieher interagieren soll, einsteigen. Damit wird der Bogen, auf dem die Situationen festgehalten sind, zum Medium.
Zweitens gibt es die Möglichkeit, über das Hörspiel „Wie strafe ich richtig?" einzusteigen bzw. dieses einzusetzen (vgl. S. 115). Dieses Hörspiel geht auch von pädagogischen Problemsituationen aus und zeigt sehr schön die drei Erziehungsstile auf.
Drittens könnte man den Film „Erziehung zum Ungehorsam" einsetzen, der bei den Kreisbildstellen erhältlich ist. Dabei wäre aber besonders auf die anthropogenen Voraussetzungen zu achten. Der Film kann wahrscheinlich nur eingesetzt werden, wenn man es mit Eltern zu tun hat, die zum größten Teil pädagogischen Reformen gegenüber offen und zugleich kritisch und vor allem in der Lage sind, differenziert zu sehen und zu urteilen. Man läuft sonst Gefahr, genau das Gegenteil zu erreichen von dem, was man möchte: die Eltern könnten sich nämlich sonst gegenüber jeder auch nur einigermaßen freiheitlichen Erziehung völlig versperren. Die Durchschnittsmutter und der Durchschnittsvater verbinden mit dem Begriff der „antiautoritären Erziehung" vielfach alles andere als eine freiheitliche und kindorientierte Erziehung und sind meist nicht in der Lage, trotz bestimmter extremer Erscheinungen die positiven Prinzipien einer freiheitlichen Erziehung, die immer auch einen gehörigen Schuß von Erziehung zur Opposition enthalten soll, zu sehen und zu akzeptieren.
Viertens ist es bei entsprechendem methodischem Vorgehen auch angebracht, den Eltern Übungsmöglichkeiten im Erkennen von Erziehungsstilen zu geben, vorausgesetzt, man hat vorher ausführlich in die einzelnen Stile einführen können. „Aufgaben", an denen geübt werden soll, würden so aussehen: Man gibt eine Problemsituation vor, in der ein Erzieher handeln bzw. sprechen muß. (Die Situation kann auch bildlich mit Sprechblasen dargestellt werden.) Weiter werden ca. drei erzieherische Reaktionen vorgegeben, die danach einzuordnen sind, ob sie „demokratisch" sind oder nicht. Im Anschluß daran müßten die einzelnen Aussagen diskutiert und auf ihre demokratischen bzw. autokratischen Elemente hin überprüft werden. Beispiel:
Die Mutter kocht, am Küchentisch sitzen die Geschwister, sie sind recht

unruhig. Zufällig sieht die Mutter, wie der größere Junge dem kleineren Mädchen mit der Hand ins Gesicht schlägt. Die Mutter sagt daraufhin:

	Demokratisch ja	Demokratisch nein
1. Komm her und hol dir auch eine ab!	☐	☐
2. Den Streit hättest du sicher auch anders lösen können.	☐	☐
3. Man schlägt überhaupt niemanden. Laß das bitte in Zukunft.	☐	☐
4. Du kannst überhaupt nicht beurteilen, ob jemand es verdient, geschlagen zu werden.	☐	☐

Das Erarbeiten weiterer Beispiele, die man sich ausdenkt bzw. aus der eigenen Praxis ableitet, bietet zugleich Gelegenheit, den eigenen Erziehungsstil zu reflektieren.

4. Literatur

Über die folgende Literatur könnte man sich in das Thema dieses Elternabends einarbeiten. Es ist günstig, in der angegebenen Reihenfolge, die besonders Umfang sowie Art der Darstellung berücksichtigt, vorzugehen:

- N. Huppertz – E. Schinzler, Grundfragen der Pädagogik, München 1975, daraus: „Erziehungsstile", S. 78–112.
- W. Klafki, Erziehungswissenschaft I, Funkkolleg, Fischertaschenbuch 6106, Frankfurt a.M. 1970, S. 84–91.
- K. Lewin, Führungsstile in der Gruppe, in: A. Flitner–H. Scheuerl (Hrsg.), Einführung in pädagogisches Sehen und Denken, München 1968, S. 94–98.
- A. S. Neill, Theorie und Praxis der antiautoritären Erziehung, Reinbek 1969, bes. S. 105–125 (Das unfreie und das freie Kind).
- W. Erl, Gruppenpädagogik in der Praxis, Tübingen 1967, S. 19–24.
- E. Weber, Erziehungsstile, Donauwörth 1970, S. 129–209.
- R. u. A. Tausch, Erziehungspsychologie, Göttingen ^{6}1971.

5. Methoden (s. S. 91)

6. Anthropogene Voraussetzungen, s. S. 68 ff.

7. Werbeaktivitäten

Zu den Werbeaktivitäten im allgemeinen vgl. S. 72ff.

Eine *Einladung* für diesen Elternabend könnte etwa folgendermaßen aussehen:

Liebe Eltern, alle reden von demokratischer und freiheitlicher Erziehung. Viele Menschen wissen aber in manchen Situationen nicht, wie sie sich Kindern gegenüber verhalten sollen. Wir würden gerne über diese Fragen mit Ihnen ins Gespräch kommen und möchten Sie daher zu einem weiteren Elternabend einladen. Wie wichtig es ist, daß Kindergarten und Elternhaus sich in erzieherischen Fragen einigen und in etwa die gleichen Methoden gegenüber dem Kind anwenden, darüber sprachen wir schon oft.

In der Überzeugung, daß unsere gemeinsame Arbeit Ihrem Kind zugute kommt, freuen wir uns auf Ihren Besuch am ...

Mit freundlichen Grüßen

8. Didaktischer Katalog, s. S. 77

---

c) Elternabend zum Thema: „Erziehung in früher Kindheit – Warum die ersten sechs Lebensjahre so wichtig sind"

1. Ziel

Die Eltern sollen bei dieser Veranstaltung

- lernen, daß die Erziehung in den ersten sechs Lebensjahren von besonderer Bedeutung für das Leben eines Menschen ist;
- Gelegenheit haben, unter Anleitung ihr erzieherisches Verhalten zu reflektieren;
- Anregungen bekommen, ihr erzieherisches Verhalten zu ändern;

2. Inhalte

Inhaltlich können für den Elternabend folgende Themen in Frage kommen:

- Begründung des Gesamtthemas: Familie und Kindergarten als wichtige Erziehungs- bzw. Sozialisationsinstanzen in den ersten sechs Lebensjahren;
- Dynamik der Begabung;
- sensible Phasen (Prägephasen) in der frühen Kindheit;
- erzieherische Konsequenz: keine Förderungshcktik!
- Liebe und Zuwendung sind wichtiger als „Förderungsmaterial" (Hospitalismus).

Die folgenden Darlegungen könnten dienen als:
- weitere *Erläuterung* der eben genannten Inhalte;
- als *Skizze* eines Kurzreferates bzw. Teilskizzen für die Impulsmethode oder
- als Zusammenfassung des gesamten Elternabends für den *Elternbrief*.

Über die Bedeutung der Erziehung in der frühen Kindheit – Warum sind eigentlich die ersten sechs Lebensjahre eines Kindes so wichtig?
Die Mutter eines fünfjährigen Kindes unterhält sich mit einem Fachpädagogen und sagt: „Ich habe da etwas gehört über die Frühförderung. Wann soll ich denn eigentlich damit anfangen?" „Gute Frau", sagt ihr der beratende Fachmann, „laufen Sie schnell und fangen Sie an; Sie haben die wichtigsten fünf Jahre Ihres Kindes vergehen lassen." Der Berater hatte recht; denn die ersten fünf Lebensjahre sind mit am wichtigsten für das gesamte Leben eines Menschen. In der frühen Kindheit werden die „Koffer gepackt für das ganze Leben". Wieso eigentlich?

(1) Menschen können „begabt werden" – Intelligente Kinder durch Erziehung?
Einige haben es schon immer gewußt, jedenfalls gesagt: Die Begabung und Intelligenz eines Menschen ist zu beeinflussen – sie ist dynamisch. Psychologen stritten darüber, ob der Mensch von seinen Anlagen her (dem genetischen Potential) so festgelegt sei, daß er nur seiner Bestimmung und Vererbung entsprechend zu werden brauche, oder ob es so sei, daß die Eltern bzw. die Umwelt des Kindes entscheidend Einfluß nehmen können auf die Begabung und Intelligenz eines Menschen. Auch heute hat sich die Wissenschaft über diese Frage nicht endgültig einigen können, der größte Teil der Erziehungswissenschaftler aber ist der Meinung: Begabung und Intelligenz sowie überhaupt das gesamte Verhalten eines Menschen werden ganz entscheidend beeinflußt durch die Erziehung in den ersten Lebensjahren. Auch das Versagen in der Schule hängt damit sehr oft zusammen. Prof. Heinrich Roth, einer der bedeutendsten Forscher auf diesem Gebiet, sagt: „Man darf annehmen, daß vieles von dem, was in der Schule nicht mehr gelingt, schon in der vorschulischen Zeit irreparabel (nicht wieder gutzumachen, Verf.) mißglückte. Wenn wir beobachten, mit welch unterschiedlichen Erfolgen die Kinder in der Schule lernen, muß deshalb zurückgefragt werden nach ihren vorschulischen Lernerfahrungen, bevor ein genetischer (vererbter, Verf.) Begabungsmangel

als Ursache für das Versagen angenommen werden darf." Belegen kann man die hier vertretene Behauptung, daß man durch Erziehung das Kind in seiner Entwicklung entscheidend beeinflussen kann, durch Ergebnisse aus der Zwillingsforschung. Eineiige Zwillinge, also Menschen, die von der Vererbung der Anlagen her gleich sind, wuchsen in sehr verschiedenen Umgebungen auf. Die einen wurden stark angeregt von ihrer Umgebung, die anderen nicht. Die ersten, d.h. die im anregenden Milieu aufgewachsenen, zeigten später eine wesentlich höhere Intelligenz als diejenigen, die wenig bzw. keine Anregungen durch ihr Milieu erhalten hatten. Da bei diesen Zwillingen nun die Erbanlagen völlig gleich sind (sie sind ja aus ein und demselben Ei entstanden und stammen von denselben Eltern) und da bei ihnen aber sehr verschiedene Intelligenzen sich entwickelten, darf man mit Recht annehmen, daß zwar die Erbanlagen bei der Entfaltung eines Menschen eine Rolle spielen, daß die Chancen des Erziehers, der ja wesentlich mit für das anregende Milieu verantwortlich ist, aber sehr groß sind. Das müßte eigentlich Eltern und Erzieher sehr optimistisch stimmen.

(2) Die besonders lernbegünstigten Zeiten im Leben des Kindes liegen im Vorschulalter

Wenn man nun festgestellt hat, daß es entscheidend zu beeinflussende Zeiten im Leben eines Menschen gibt, dann möchte man genauer wissen, wann diese sind. Es wurde eingangs gesagt, daß in den ersten Lebensjahren „die Koffer gepackt werden für das ganze Leben". Diese Aussage soll noch etwas genauer gefaßt werden. Die Pädagogik und Psychologie der letzten Jahre haben uns die Einsicht gebracht, daß es im Leben des Kindes sogenannte *Prägephasen* gibt, d.h. Zeiten, in denen das Kind besonders stark durch seine Umgebung beeinflußt werden kann. Diese Zeiten liegen im Vorschulalter und beziehen sich z.B. auf die *Sprache,* die *Fortbewegung,* das *Lernverhalten,* die *Bindung* an bestimmte Personen. Die Prägephasen (auch sensible Phasen genannt) sind durch drei Merkmale gekennzeichnet: a) sie sind besonders lernbegünstigt; b) sie sind einmalig und c) sie erfordern gewisse natürliche Voraussetzungen.

Zu a) Lernbegünstigung: Gemeint ist damit, daß das Kind in diesen Prägephasen aus Lust und Freude an der Sache selbst lernt, und nicht deshalb, weil es belohnt oder anderenfalls, wenn es nicht lernt, bestraft wird. Vergleichen wir einmal das Schulkind, das sehr oft nur lernt, weil es sonst ein schlechtes Zeugnis erhält, mit dem

Vorschulkind, so stellen wir einen grundsätzlichen Unterschied fest: das Vorschulkind lernt, weil ihm die zu lernende Sache selbst Freude macht. Einem zweijährigen Kind braucht man z. B. niemals eine Belohnung zu versprechen, damit es die Wörter, die es ständig hört, in seinen Sprachschatz aufnehme. Es lernt die Sprache, weil ihm das Sprechen als solches Freude macht. Einem einjährigen Kind, das gerade in der Lage ist, seine ersten Schritte zu tun, hat noch niemals jemand sagen müssen: Nun üb doch mal wieder laufen! Das Kind übt und lernt das Laufen aus Spaß an der Sache selbt, nämlich dem Laufen. (Man spricht dabei davon, daß Kinder aus primärer Motivation lernen.)

Zu b) Einmaligkeit: Die Prägephasen sind nicht nur besonders lernbegünstigt, weil das Kind hier aus Lust an der Sache lernt, sondern sie kehren auch in dieser Form nicht mehr wieder, d. h., sie sind einmalig. Genau das ist es, was jeder Überlegung zur vorschulischen Förderung und Erziehung eine so große Bedeutung gibt. Vorschulerziehung wird damit zur einmaligen Gelegenheit, die man nutzen oder verpassen kann.

Zu c) Voraussetzungen: d. h., daß entsprechende physiologische Reifungsvorgänge sich vollzogen haben müssen, bevor die sensible Phase genutzt werden bzw. einsetzen kann. Ein Kind kann also nicht sprechen lernen, bevor die natürlichen Voraussetzungen vorhanden sind.
Als erzieherische Konsequenz ergibt sich aus dem, was hier über die Prägephasen gesagt wurde, daß diese Zeiten in einer wünschenswerten Form von Kindergarten und Elternhaus genützt werden müssen.

(3) Eine notwendige Mahnung zu kluger Gelassenheit
Wenn nun aber erkannt wurde, daß Begabung und Intelligenz des Kindes beeinflußbar sind und das Verhalten wesentlich durch Anregungen erlernt wird sowie daß es sensible Prägephasen im Leben des Vorschulkindes gibt, so darf man nicht einem „Fördertaumel erliegen, in dem Glauben, man könne aus jedem Menschen ein Genie machen. Abgesehen davon, daß es Kinder gibt, die geschädigt auf die Welt kommen, bzw. solche, die aufgrund sonstiger Schäden Benachteiligungen erleiden, gibt es auch beim normalen Kind Grenzen der Erziehung und Beeinflußbarkeit. Nur: diese sind sicherlich nicht so starr und „vererbt“ festgelegt, wie man früher glaubte. Da der größte Teil unserer Eltern in starkem Maße leistungsorientiert ist, muß man sie warnen, nun ständig

und stündlich im Leben ihres Kindes hinter der jeweiligen sensiblen Phase her zu sein, um diese nur ja nicht zu versäumen. Sie sollten sich nicht diesem Trend anschließen, sondern in kluger Gelassenheit dem Kind Angebote machen, wobei dieses immer das Recht haben muß, die Angebote abzulehnen.

(4) Nicht nur „Förderung", sondern Liebe und Zuwendung

Obwohl man einiges mit ziemlicher Gewißheit über die Erziehung in der frühen Kindheit sagen kann und obwohl man inzwischen soviel – brauchbares und unbrauchbares – didaktisches Material für Vorschulkinder entwickelt hat, und obwohl hier sicherlich in Zukunft noch sehr vieles getan wird, werden eigentlich Verhaltensauffälligkeiten von Kindern und Jugendlichen nicht seltener, im Gegenteil! (Vgl. S. 28.) Man sollte Eltern von kleinen Kindern mit allem Nachdruck ins Bewußtsein rufen, daß die Grundvoraussetzung jeder Förderungsmöglichkeit die Liebe und Zuwendung sein muß. Fehlende Liebe und gefühlsmäßige Zuwendung dem Vorschulkind gegenüber (Vorschulerziehung heißt hier „Erziehung vor der Schule", und das bedeutet für uns: in den ersten sechs Lebensjahren) können nämlich die Ursache für eine Reihe von Verhaltensauffälligkeiten sein: Einnässen und Einkoten über ein bestimmtes Alter hinaus, Nägelkauen, Stottern, aggressives Verhalten usw. bis hin zu Verwahrlosungserscheinungen und kriminellen Handlungen. Kurzum: Es ist besonders in der frühesten Kindheit bedeutend besser und dringlicher, mit dem Kind zu schmusen und ihm liebevolle Zuwendung zu zeigen, als ihm ein sogenanntes didaktisches Spielzeug zu kaufen. Wie Kinder, welche die Liebe und Zuwendung einer bestimmten Person, in der Regel die Mutter bzw. der Vater, über einen längeren Zeitraum entbehren mußten, reagierten, zeigten wissenschaftliche Untersuchungen. Es sei erinnert an die eindrucksvollen Bilder aus dem Film „Kummer und Gram" von R. Spitz. Daß ein Kind der liebevollen Zuwendung bedarf, wenn es sich in wünschenswerter Form entwickeln soll, ist wissenschaftlich gesichert, im Gegensatz zu manchen anderen Aussagen über die Erziehung in der frühen Kindheit. Über die Auswirkung von Inhalten und Methoden der vorschulischen Förderung z. B. weiß man – wissenschaftlich abgesichert und belegt – noch nicht sehr viel. Jedenfalls gemessen an dem, was clevere Industrielle glaubten, alles als wissenschaftlich fundiertes Fördermaterial anbieten zu können, sind ernst zu nehmende Wissenschaftler viel zurückhaltender. Das also weiß man ganz sicher, daß, ohne genügend liebevolle Zuwendung erhalten zu haben, das

Kind nicht zu einem notwendigen Sozialverhalten gelangen kann: Kinder brauchen Liebe!

(5) Ein wichtiges Buch: „Wieviel Liebe braucht ein Kind?"

Das Thema „Liebe und Zuwendung in der Erziehung des Kindes" hat Ursula Neumann auf dem Hintergrund ihrer reichhaltigen Erfahrungen aus einer kinderpsychologischen Praxis bearbeitet. Das von ihr verfaßte Büchlein mit dem Titel „Wieviel Liebe braucht ein Kind?" sei allen Eltern wärmstens empfohlen, weil es leicht lesbar geschrieben ist und – weil es ein so wichtiges Thema behandelt, ein Thema, von dem die Zukunft Ihres Kindes abhängen kann.

– U. Neumann, Wieviel Liebe braucht ein Kind?, Stuttgart 1970.

3. Medien

Als empfehlenswerte Medien kommen für den Elternabend besonders die zwei folgenden Filme in Frage:

a) „Kummer und Gram – eine Gefahr in der Kindheit"
Dieser Film von R. Spitz, der durch seine Hospitalismusdarstellungen in der pädagogisch-psychologischen Fachwelt höchsten Rang erhalten hat, zeigt die Schäden einer vernachlässigten Erziehung in der frühen Kindheit. Die folgenden zwei Punkte tun dem Film in seiner Ausdruckskraft keinerlei Abbruch, nämlich die Tatsache, daß es sich um einen Stummfilm handelt, und daß die Begleitsprache in Englisch ist. Auf jedes Bild folgt im Film ein englischer Textstreifen, der bei der Vorführung am Elternabend selbstverständlich auf Deutsch vorzutragen ist. Der deutsche Text liegt dem Film bei.
Diesen Film erhielt ich bei der Kreisbildstelle in Freiburg i. Br., Uhlandstraße 4, Tel. 75562. Laufzeit: 20 Minuten.

b) „Als Kleinkind im Heim" (Film)
Dieser Film ist in ähnlicher Weise geeignet, Eltern über die Notwendigkeit, ihren Kindern genügend Liebe und Zuwendung zukommen zu lassen, aufzuzeigen. In einer Gegenüberstellung der Erlebnissituationen von Familienkindern und Heimkindern werden einige Grundkenntnisse über den „Hospitalismus" herausgearbeitet. Der Film zeigt Symptome seelischer Schädigungen, übt Kritik und stellt Mindestforderungen, die sich an Eltern wie auch an die verantwortlichen Stellen der Heimerziehung richten.
Ilonka, ein dreijähriges lebhaftes und aufgeschlossenes Kind wächst in der Familie auf und macht einen sicheren Eindruck. Sie ist sprachlich gewandt. Ihre Mutter ist berufstätig, und Ilonka ist während der Arbeitszeit der Mutter im Kindergarten. In der übrigen Zeit hat sie aber ihren sicheren Platz in der Geborgenheit der Familie.
Heimkinder dagegen, die einen häufigen Wechsel der Bezugspersonen ertragen müssen und zudem nur immer mit mehreren Gleichaltrigen zugleich

eine „Mutter“ haben können, zeigen Retardierungen und Auffälligkeiten. Sie zeigen sprachliche Mängel und können nur unverständliche Worte hervorbringen. Der dauernde Kampf mit den Gleichaltrigen in der Gruppe führt bei ihnen zu verstärktem Machtstreben bzw. zu Unterwürfigkeit. Der Film zeigt an einigen Stellen deutlich und eindrucksvoll das stereotype Schaukeln, in dem das hospitalisierte Kind eine gewisse Ersatzlust sucht. Hospitalisierte Kinder werden in dem Film beschrieben als: gefühlsarm, kontaktschwach und immer neue Bindungen suchend.

Didaktischer Hinweis:
Dieser Film könnte bei den Eltern den Eindruck erwecken, als müsse Heimerziehung immer zu Hospitalismusschäden führen. Es wäre wichtig, die Teilnehmer hier in einer differenzierten Erkenntnis zu unterstützen. Es geht nicht darum, die Vorurteile gegenüber der Heimerziehung noch zu verstärken, sondern darum, realistische Schädigungsmöglichkeiten in Heim und (!) Familie aufzuzeigen. Dieser Hinweis ist auch wichtig bei dem Einwand der Eltern, der sicher kommt – man habe ja kein Kind im Heim. Die Möglichkeit des Familienhospitalismus ist eine ähnliche Gefahr für die Entwicklung des Kindes.
Der Film ist bei den Kreisbildstellen erhältlich. Laufzeit: 23 Minuten.

4. Literatur

In das hier zu behandelnde Thema könnte man sich über folgende Literatur in der angegebenen Reihenfolge einarbeiten:

- N. Huppertz–E. Schinzler, Grundfragen der Pädagogik, München 1975, daraus: „Kindergarten- und Vorschulerziehung“, S. 318–352;
- U. Neumann, Wieviel Liebe braucht ein Kind?, Stuttgart 1970 (dieses Büchlein sollte man zur eigenen Vorbereitung benutzen und am Elternabend den Eltern empfehlen bzw. gleich zum Kauf anbieten. Es ist interessant geschrieben und leicht zu lesen. Man findet darin eine Reihe von praktischen Fallbeispielen, die auch zur Gestaltung des Abends dienen können;
- A. Sagi, Entwicklungspsychologische Aspekte zur Erziehung des Vorschulkindes, in: Der Freiburger Modellkindergarten, Freiburg i. Br. 1970 (eine bündige Zusammenfassung der Ergebnisse aus der Entwicklungspsychologie);
- Funkkolleg Pädagogische Psychologie, vor allem das Begleitmaterial. Es kommen besonders die folgenden Kapitel in Frage: 1. Kollegstunde: Entwicklung, psychologisch betrachtet, von H. Heckhausen, Inhalte aus dem Begleitmaterial: Heft 1, S. 17–48. 2. Kollegstunde: Was die Entwicklung in Gang hält, von H. Heckhausen, Inhalte aus dem Begleitmaterial: Heft 1, S. 49–70. 9. Kollegstunde: Familie als Sozialisationsbedingung, von F. E. Weinert, Inhalte aus dem Begleitmaterial: Heft 4, S. 88–104 (die Begleitmaterialien zum Funkkolleg Pädagogische Psychologie, die im Beltz-Verlag erschienen sind, bieten eine gute Möglichkeit, sich privat in die einzelnen Stoffgebiete einzuarbeiten. Sie enthalten eine Fülle von Datenmaterial zu den wichtigsten Themen);

- E. Schmalohr, Frühe Mutterentbehrung bei Mensch und Tier, München–Basel 1968;
- G. Bittner – E. Schmid-Cords, Erziehung in früher Kindheit, München 1968.

5. Methodische Überlegungen

Als Methode soll hier die Impulsmethode und die Gruppenarbeit vorgeschlagen werden. Man könnte sich den Ablauf des Elternabends in vier Phasen vorstellen, wobei entsprechend den Schwerpunkten, die man setzen möchte, zeitlich genau zu disponieren ist:

Phase I (Impuls): Begründung des Themas – Dynamik der Begabung (vgl. unter Inhalte) – anschließend Gespräch.

Phase II (Impuls): Prägephasen und Hinweis. Vermeidung von Förderungshektik – anschließend Gespräch.

Phase III: Überleitung zum Film mit dem Hinweis auf die Wichtigkeit der emotionalen und sozialen Entwicklung des Kindes in der frühen Kindheit im Vergleich zu kognitiven Förderungsansprüchen; dann: Film und je nach Größe der Elterngruppe Gespräch oder Gruppenarbeit.

Phase IV: Zusammenfassendes Abschlußgespräch.

Das Gespräch bzw. die Gruppenarbeit in der Phase III könnte über den hier abgedruckten *Fragebogen* begonnen werden, wenn der Film „Als Kleinkind im Heim" verwendet wurde. Der Fragebogen hat dabei lediglich Aufhängerfunktion:

Der Film zeigt zwei verschiedene Erziehungsstätten für kleine Kinder: die Familie und das Heim. Aus diesen kommen zwei Arten von Kindern:

1. Das Kind aus dem Heim ist oft ein auffälliges, seelisch krankes Kind. – Warum?
   a) Es hat zuwenig Spielsachen. □
   b) Es hat zuwenig zu essen und zu trinken. □
   c) Es hat zuwenig Zuwendung und Liebe. □

2. Das Kind in der Familie hat, wenn diese in Ordnung ist, meistens bessere Möglichkeiten, sich zu entwickeln. Es unterliegt nicht so schnell der Gefahr des Hospitalismus. – Warum?
   a) Es wird besser und sauberer gewaschen. □
   b) Es hat mehr Spielzeug. □
   c) Es erfährt mehr Zuwendung und Liebe. □

3. Was sagt uns der Film „Als Kleinkind im Heim"?
   a) Der Film sagt: Wenn ich mein Kind nicht ins Heim tue, sondern in der Familie aufwachsen lasse, dann habe ich schon genug für seine Entwicklung getan. □

b) Der Film zeigt: Daß das Kind allein in der Familie aufwächst genügt nicht, sondern: Es benötigt eine ausgeprägte Sorge, Pflege und Zuwendung, vor allem Liebe, wenn es ein gesundes, aufgewecktes und frohes Kind werden soll. □
c) Der Film zeigt: Wenn man als Mutter sein Kleinkind zur rechten Zeit füttert und trocken legt, dann hat man die Aufgaben getan, die von einer pflichtbewußten Mutter verlangt werden. □

Die *Gruppenarbeit* selbst könnte folgenden Verlauf nehmen:

1. Bogen ausfüllen.
2. Erarbeiten: Was heißt Zuwendung?
   Wie geschieht diese ganz konkret in unserer Familie?
3. Erarbeiten: Wie ist das Verhalten eines hospitalisierten Kindes (Heimkind)?
   – Wie ist das Verhalten eines mit genügender Zuwendung und Liebe erzogenen Kindes?
   (Man sollte das Heimkind gegen das Familienkind abgrenzen lassen, Auffälligkeiten nennen lassen.)
4. Fragen für die Kleingruppe erarbeiten, die diese in der Gesamtgruppe stellt.

(Die Gruppenarbeit soll nicht länger als eine halbe Stunde dauern.)

6. Anthropogene Voraussetzungen

Siehe dazu allgemein S. 68ff. Bei Verwendung des Filmes von R. Spitz („Kummer und Gram“) muß man beachten, daß viele Mütter davon emotional stark beeindruckt werden und evtl. die Gefahr besteht, daß man ins andere Extrem, als es im Film gezeigt wird, verfällt und dann seine Kinder zu sehr und zu lange an sich bindet. Auch davor muß man Eltern warnen, weil das Kind sonst nicht zu einer erforderlichen Selbständigkeit kommen kann.

7. Werbeaktivitäten

Siehe dazu allgemein S. 72ff. Als Muster wird hier ein Einladungsbrief an die Eltern wiedergegeben:

Sehr geehrte, liebe Eltern!

Wir meinen, die Zusammenarbeit mit den Eltern ist so wichtig wie der Kindergarten selbst.

Wo mehrere an einer gemeinsamen Sache arbeiten, kann diese nur gelingen, wenn sie ein und dieselbe Richtung einschlagen und einigermaßen das gleiche Ziel ansteuern.

Das gilt besonders für die Erziehung von Kindern.

Seit einigen Wochen ist Ihr Kind bei uns im Kindergarten, und damit hat es eine ganz bedeutende Möglichkeit erhalten, um die wichtige Zeit vor der Schule ausnützen zu können.

Die großen Vorteile, die es mit sich bringt, wenn ein Kind in den Kindergarten geht – wir wissen, daß nur jedes dritte Kind in der Bundesrepublik diese Möglichkeit hat –, diese großen Vorteile gehen dann wieder verloren, wenn Sie und wir nicht bei dieser so wichtigen Sache, nämlich bei der Erziehung Ihres Kindes, gemeinsam und in etwa gleich vorgehen. Sie sollten wissen, wie wir mit Ihrem Kind umgehen, und wir möchten wissen, wie Sie mit Ihrem Kind umgehen. Wenn wir hierin nicht übereinstimmen, dann leidet Ihr Kind darunter und erfährt eventuell für das ganze Leben unerwünschte Folgen.
Das wollen wir vermeiden und laden Sie deshalb sehr herzlich zu unserem Elternabend ein.
An diesem und an kommenden Elternabenden möchten wir mit Ihnen ins Gespräch kommen. Wir wissen noch nicht genau, was Sie am meisten interessieren wird und haben deshalb für den ersten Elternabend ein Programm vorgesehen:

1. Wieso sind eigentlich die ersten sechs Lebensjahre so wichtig? (Kurzreferat.)
2. Wieviel Liebe braucht ein Kind? (Film.)
3. Gespräch mit und zwischen den Eltern.

An diesem Elternabend möchten wir gern etwas erfahren von Ihren Wünschen und Ansichten zur Arbeit im Kindergarten. Wir wissen auch, daß Väter oft gute Ansichten über Erziehung und Kindergartenarbeit haben. Das beste wäre, wenn wir diese direkt von Ihnen erfahren könnten und uns mit Ihnen selbst unterhalten dürften. Wir sind sicher darin einig, daß ein Elternabend kein Mütterabend sein darf. Deshalb meinen wir, Sie sollten nach Möglichkeit den Elternabend gemeinsam besuchen. Das geht natürlich nur dann, wenn deshalb Ihre kleinen Kinder nicht allein sein müssen.
Eine gute Möglichkeit ist auch, wenn beide Eltern abwechselnd die Elternabende besuchen, für den Fall, daß Sie nicht gemeinsam kommen können.
Wir freuen uns auf Ihren Besuch, denn es geht um die Erziehung Ihres Kindes – und daran ist uns viel gelegen.

8. Didaktischer Katalog, s. S. 77

---

2. Kurzkonzepte

a) Elternabend zum Thema: „Sexualerziehung im Kindergarten und in der Familie"

1. Ziel

Die Eltern sollen bei dieser Veranstaltung erfahren, welche Ansichten man im Kindergarten über die Sexualerziehung insbesondere in den ersten sechs Lebensjahren des Kindes hat. Das bedeutet im einzelnen, daß man

Sexualerziehung verstehen muß als Teil einer wünschenswerten Gesamterziehung; daß zur Sexualerziehung eine angemessene Wissensvermittlung gehört; daß es eine frühkindliche Sexualität gibt.
Die Erzieher des Kindergartens sollen bei diesem Elternabend lernen, inwieweit sie in ihren Ansichten mit den Eltern übereinstimmen bzw. wo man seine sexualerzieherischen Intentionen evtl. modifizieren muß.

2. Inhalte

Erste These: Sexualerziehung ist nicht losgelöst und für sich zu betrachten, sondern sie ist als Teil einer Gesamterziehung des Kindes und Jugendlichen zu sehen. Folgerung: keine besondere Aufklärung – zu einer besonderen Zeit – in einer besonderen Atmosphäre; Zweite These: Man sollte dem Kind richtige Informationen zu einem angemessenen Zeitpunkt vermitteln, was nicht bedeutet, daß man nur auf die Fragen des Kindes warten und antworten muß. Folgerung: Kinder sollten bis zum Schuleintritt über Informationen zu folgenden Fragen verfügen (was nicht im Sinne von starren Lernzielen verstanden werden darf!): a) Woher kommen die kleinen Kinder? b) Wie kommen sie aus dem Bauch der Mutter heraus? c) Wie kommen sie da hinein?
Dritte These: „Das Kind ist kein geschlechtlich neutrales Wesen, dem der Trieb fehlt, sondern das Kind kann als Säugling bereits Ansätze sexueller Regungen zeigen“ (R. Spitz).

3. Medien

Zur Orientierung über Medien, die auch in der Elternarbeit Verwendung finden können, sei empfehlend verwiesen auf die Zusammenstellung von F. Ecker und F. Weyer, Sex unter der Lupe – Eine Informationsschrift für Eltern, Lehrer und Erzieher, Robor-Verlag, Hückeswagen 1971. Unter anderem enthält dieser Band Angaben über: Schriften, Artikel, Bücher zur Sexualerziehung; weiter über: Tonbänder, Schallplatten, Tonbildschauen, Diapositivreihen, Filme, Lehrtafeln, Modelle, Präparate, Großvorlagen, Stempelserien, Studienpakete für Lehrer und Schüler.

4. Literatur

Die Literatur zur Vorbereitung auf den Elternabend könnte man sich in dieser Reihenfolge erarbeiten:

a) N. Huppertz – E. Schinzler, Grundfragen der Pädagogik, München 1975, daraus: „Sexualerziehung in Familie und Kindergarten“, S. 206 bis 228.
b) A. Zitelmann – T. Carl, Didaktik der Sexualerziehung, Weinheim 1971, besonders S. 19–33, 43–57;
c) H. Kentler, Sexualerziehung, Reinbek 1970, besonders S. 8–14, 27–41, 105–141, 212–214;
d) C. B. Broderik, Kinder- und Jugendsexualität, Reinbek 1970, besonders S. 7–62;
e) F. Koch, Negative und positive Sexualerziehung, Heidelberg 1971, besonders S. 22–62, 111–113;

f) H. Kentler u.a., Für eine Revision der Sexualpädagogik, München 1971, besonders S. 9–88
g) D. Rost, Vom ersten Tag an Geschlechtserziehung im Vorschulalter, Limburg 1973.

5. *Methode.* Impulsmethode (ca. 10 Min. für jeden Impuls, entsprechend einer These; dann jeweils 20 Minuten Gespräch).
6. *Situationsvoraussetzungen,* s. S. 68ff; bei diesem Thema besonders zu berücksichtigen.
7. *Werbung für den Elternabend,* s. S. 72ff.
8. *Didaktischer Katalog,* s. S. 77.

---

b) Elternabend zum Thema: „Spiel und Spielzeug unserer Kinder"

1. Ziel

Die Eltern sollen die Bedeutsamkeit des Spiels im Leben ihrer Kinder erkennen; es soll ihnen ein erzieherisch entsprechendes Verhalten aufgezeigt werden.

2. Inhalte

- Warum Kinder spielen müssen;
- Lernen und Fördern im Spiel;
- Spielen des Kindes und Arbeiten des Erwachsenen;
- Bedeutung der frühen Kindheit;
- Das Spiel als Sprache des Kindes (tiefenpsychologischer Aspekt).

3. Medien

Film „Vom Sinn des Spielens"; aus der „Elternschule" des Bayerischen Rundfunks; Laufzeit: 28 Minuten; bei den Bildstellen erhältlich.
Man könnte für die Eltern die folgenden *Anregungen* vervielfältigen:
Was man bei Spiel und Spielzeug berücksichtigen soll:

1. Beim Spielen vom Kind und seinen Interessen ausgehen, aber auch neue Interessen wecken (z.B. beim Kauf von Spielzeug usw.)!
2. Mit dem Kind spielen und (!) das Kind spielen lassen; anregen, aber nicht reglementieren!
3. Das Kind niemals „aus dem Spiel reißen", sondern die Spielbeendigung ankündigen („vorwarnen")!
4. Dem Kind seinen Spielraum und seine Spielzeit lassen. Auch in der kleinsten Wohnung sollte man diesen Spielraum ermöglichen.
5. Freiheitlichkeit in den Spielen: Im Spiel sollte man mit dem Kind freiheitlich umgehen und es frei wählen lassen, was es tun möchte.

6. Dem Kind Spielkameraden ermöglichen. Das ist unbedingt notwendig, um ein wünschenswertes Sozialverhalten einzuüben.
7. Kein Überangebot an Spielzeug, weil das ein Kind verwirrt.
8. Auf keinen Fall Leistungsdrill und Leistungsdruck im Spielen! Man sollte sinnvolles, aber nicht nur Leistung bringendes Spielzeug kaufen.
9. Dem Kind das Spielen nicht befehlen („Nun spiel doch endlich mal!" – So nicht!), sondern seine Phantasie anregen: konkrete Vorschläge machen! Das Kind darf nicht das Gefühl haben, man wolle es loswerden.
10. Ein aufgeräumtes Kinderzimmer bzw. eine aufgeräumte Spielecke? Ja, aber keine übertriebene und überspitzte Ordnung! Es gibt wichtigere Tugenden als die Ordnung, z.B. Rücksichtnahme auf andere und Zusammenarbeit mit ihnen. Der Spielraum des Kindes sollte so aufgeräumt sein, daß das Kind sich ein bestimmtes Spielzeug nehmen kann. Es ist übrigens erzieherisch wertvoll, mit dem Kind gemeinsam seine Spielsachen aufzuräumen.

4. Literatur

a) Arbeitsausschuß Gutes Spielzeug (Hrsg.), „Gutes Spielzeug", Ravensburg 1960.
b) A. Flitner, Spielen-Lernen, Praxis und Deutung des Kinderspiels, München 1972, besonders S. 58ff.: Psychoanalytische Spieldeutung und Spieltherapie; Sozialpsychologische Aspekte – Rollenspiel und Kindertheater, Spielen-Lernen;
c) J. McLellan, Kinder sollen spielen, Freiburg i. Br. 1972;
d) Zulliger, Spiel – Über die „eigentliche Sprache" des Kindes, in: R. Hörl (Hrsg.), Die Zukunft unserer Kinder – Für eine moderne Erziehung, München 1967, S. 47ff.
e) R. Oerter, Moderne Entwicklungspsychologie, Donauwörth 1969, besonders S. 179ff.: Spielverhalten: Was ist Spiel? – Warum spielt das Kind? – Welche Bedeutung hat das Spielen in der menschlichen Entwicklung?

5. *Methode:* Impulsmethode oder Kurzreferat mit Gruppenarbeit.

6. *Situationsvoraussetzungen,* s. S. 68ff.

7. *Werbung für den Elternabend,* s. S. 72ff.

8. *Didaktischer Katalog,* s. S. 77.

---

c) Elternabend zum Thema: „Das Fernsehen in der Erziehung"

1. Ziel

Die Eltern sollen erfahren, daß eine Erziehung zum Fernsehen notwendig ist und wie sie durchgeführt werden kann.

2. Inhalte
- Fernsehgewohnheiten von Kindern: wieviel und was sehen Kinder?
- Mögliche Konsequenzen des Fernsehens bei Kindern (positive und negative);
- Methoden der Programmauswahl in der Familie;
- weiter vgl. U. Beer, Bildung vom Bildschirm?, Tübingen 1969, S. 92f.

3. Medien
Film „Es liegt nicht an ihrem Gerät"; Laufzeit: 24 Minuten; erhältlich bei den Kreisbildstellen.
Film „Kinder vor dem Bildschirm"; Laufzeit: 40 Minuten; erhältlich bei der Evangelischen Aktionsgemeinschaft für Erwachsenenbildung, 75 Karlsruhe, Blumenstraße 1.

4. Literatur
a) H. Mundzeck, Kinder lernen fernsehen. Was, wann, wie lange und wozu? Reinbek bei Hamburg 1973.
b) U. Beer, Bildung vom Bildschirm?, Tübingen 1969 (besonders wertvoll sind die inhaltlich und methodisch gut zubereiteten Vorschläge zum Thema „Fernsehen" – S. 89ff. –, abgesehen davon, daß einige der dort angegebenen Filme die Eltern eher langweilen werden);
c) M. Furian – G. Vogg, Fernseherziehung – Aufgabe für die Zukunft, Essen 1970, besonders S. 14ff.: Das Fernsehen im Vorschulalter; S. 31ff.: Fernseherziehung in Elternhaus und Kindergarten; wertvolle Anregungen für einen Elternabend zum Thema „Fernsehen", einschließlich vollständigem Referat (das Büchlein enthält didaktisch zubereitete Vorschläge für acht weitere Veranstaltungen zum Thema, S. 62ff., und einen wertvollen Anhang zu Beratung und Verleih von Literatur, Filmen und Diareihen, S. 69ff.).
d) F. Berthold, Das Kind und seine Erlebniswelt – Wandlungen unter dem Einfluß des Fernsehens, Osnabrück 1970.

5. *Methode:* Nach einem der beiden Filme Gruppenarbeit bzw. Aussprache

6. *Situationsvoraussetzungen,* s. S. 68ff.

7. *Werbung für den Elternabend,* s. S. 72ff.

8. *Didaktischer Katalog,* s. S. 77.

---

d) Elternabend zum Thema: „Wie strafe ich richtig?"

1. Ziel
Die Eltern sollen bei dieser Veranstaltung erfahren,
- welche Einstellungen in unserer Gesellschaft im Hinblick auf Strafe und Prügelstrafe vorherrschen und wie die Realität für viele Kinder dementsprechend aussieht;

- warum auch die Ohrfeige nicht sein darf und der Klaps äußerst bedenklich ist;
- warum es sinnvoll ist, eine möglichst straffreie Erziehung zu praktizieren;
- Eltern sollen lernen, über ihre eigenen Verhaltensweisen nachzudenken und diese zu verbessern.

2. Inhalte
- Die Strafsituation in der pädagogischen Praxis;
- Wie sollte es sein?
- Argumente gegen körperliche Strafe und Ohrfeige: a) Es ist gegen die Würde des Menschen; b) Möglicherweise wird der Körper geschädigt; c) Sicherlich leidet auf Dauer bei Schlägen in der Erziehung die Seele des Menschen Schaden.
- Möglichkeiten und Grenzen einer strafarmen bzw. -freien Erziehung;
- Wie können Eltern konkret ihre erzieherischen Praktiken verändern?

3. Medien
Hörspiel „Wie strafe ich richtig"; erhältlich bei den Kreisbildstellen; Laufzeit: ca. 10 Minuten.

4. Literatur
a) N. Huppertz – E. Schinzler, Grundfragen der Pädagogik, München 1975, daraus: „Strafe als Erziehungsmittel", S. 132–140.
b) W. Vogels, Wenn ich mein Vater wäre, Essen 1968;
c) E. Schmidhäuser, Vom Sinn der Strafe, Göttingen 1971, besonders S. 43–101.
d) G. Biermann, Kindeszüchtigung und Kindesmißhandlung, München-Basel 1969, besonders S. 104–137;
e) G. Bauer, Die Kindesmißhandlung, Lübek 1969, besonders S. 47ff.
f) W. Scheibe, Die Strafe als Problem der Erziehung, Weinheim 1967, besonders S. 289–356.

5. Methode:
Ablauf in drei Phasen möglich:
- Kurzreferat bzw. Denkimpuls;
- Hörspiel und Gruppenarbeit;
- Gespräch im Plenum.

6. Situationsvoraussetzungen, s. S. 68ff.

7. Werbung für den Elternabend, s. S. 72ff.

8. Didaktischer Katalog, s. S. 77.

---

3. Weitere Themen für den Elternabend

Folgende Themen kämen für eine Bearbeitung am Elternabend noch in Frage:[41]

1. Allgemeines über den Wandel von Familie und Ehe
- Rolle der Frau und Mutter; Berufstätigkeit;
- Rolle des Mannes und Vaters;
- Stellung des Kindes; Einzelkind, Geschwister usw.;
- Rolle der Großeltern.

2. Einzelthemen
- Sauberkeitserziehung;
- Taschengeld;
- Trotz/Jähzorn;
- Daumenlutschen;
- Ungehorsam/Frechheit;
- Körperliche, sprachliche, geistige und andere Behinderungen;
- Entwicklungsjahre;
- Verwahrlosung/Kriminalität;
- Kinderängste;
- Schlafstörungen;
- Geschwister;
- Unehrlichkeit;
- Frühes Lesenlernen;
- Mengenlehre;
- Antiautoritäre Erziehung;
- Lernstörungen;
- Verhaltensstörungen;
- Erziehungsbücher für Eltern;
- Erziehungsschriften für Eltern;
- Religiöse Erziehung;
- Erziehung zur Kreativität;
- Schulreife.

Zur didaktischen und methodischen Aufbereitung dieser Themen sei verwiesen auf die allgemeinen Aussagen auf S. 36ff.

V. Der offene Kindergarten

Über die Erfahrungen, die wir in einer Kindergartengruppe mit dem „offenen Kindergarten“ machten, soll hier berichtet werden. Diesen Beitrag fertigte ich gemeinsam mit Sabine Schmuck an, und wir veröffentlichten ihn zum größten Teil bereits in der Zeitschrift „Kindergarten heute“ 1, 1973.

1. Was heißt „offener Kindergarten“?

Mit dem offenen Kindergarten meinen wir die Tatsache, daß Eltern (und andere positiv motivierte Personen), die ihre Kinder im Kindergarten haben, Gelegenheit erhalten, das reale Geschehen im Kindergarten mitzuerleben. Das geschieht dadurch, daß sie der Gruppe im Kindergarten einen „Besuch“ abstatten, um so den wirklichen Gruppenablauf selbst zu sehen. Über die Zeitdauer und die Häufigkeit derartiger Besuche muß im einzelnen entschieden werden, ebenfalls darüber, wieviel Eltern die Kindergärtnerin bzw. die Gruppe „verkraften“ kann. Es ist zu überlegen, ob man einen Terminplan anfertigt bzw. aushängt, in den sich die Eltern eintragen können. Jedenfalls ist der Besuch in der Regel mit der Erzieherin abzusprechen. Auf die Frage, welche Rolle die besuchenden Eltern spielen und einnehmen sollen, ob sie z. B. sich mehr als passive Beobachter oder pädagogisch Agierende verstehen und verhalten sollen, kann allgemein und theoretisch nichts ausgesagt werden. Es wird abhängig sein von Art und Struktur der Gruppe, von der Qualität der Erzieherin, von den Inhalten, mit denen sich gerade die Gruppe beschäftigt, und vor allen Dingen von dem Besucher selbst.

Das Verhalten, das bei dem Besuch von den Eltern erwartet wird, steht in Zusammenhang mit den *Zielen,* die man mit dem offenen Kindergarten verfolgt. Es kann dabei u. a. an folgendes gedacht werden: Viele Eltern haben kaum Einblick in das konkrete Kindergartengeschehen, und durch alles, was an Mysteriösem für sie sich hinter dem Wort „Vorschulerziehung“ verbirgt, wird die Vor-

stellung von moderner Kindergartenpädagogik für sie nur noch diffuser. Gerade für Eltern, die selbst nicht als Kind den Kindergarten besucht haben – und das ist der größte Teil von ihnen –, ist dies der Fall. Man kann bei diesen Eltern in Analogie zu der emotionalen Entfernung, die viele Arbeitereltern z.B. zum Gymnasium haben, von einer „affektiven Distanz" zu der Einrichtung, in die ihr Kind täglich geht, sprechen. Neben dem Zweck der Überwindung der affektiven Distanz soll der offene Kindergarten den Sinn haben, die in vielen Fällen tatsächlich neue und (hoffentlich!) bessere Arbeit der Kindergärtnerin vorzuzeigen. Die Erzieherin hat hier die einmalige Chance einer Darstellung ihres Metiers, und diese sollte sie ausnutzen. Es ist ein großer Unterschied, ob man die Eltern mit eigenen Augen sehen läßt, was sich im Kindergarten abspielt, oder ob man ihnen darüber nur berichtet. Beides soll geschehen, und nur beides zusammen versetzt die Eltern in die Lage der Integrierten und damit Interessierten und Engagierten, nur beides zusammen ermöglicht es den Eltern, ihre Vorurteile gegenüber der pädagogischen Institution abzubauen. Die Eltern erfahren durch die Teilnahme am erzieherischen Geschehen eine Anleitung zu eigenem Handeln mit ihrem Kind und zu einer Verbesserung der eigenen pädagogischen Tätigkeit zu Hause. Erst dadurch können bei vielen sozial benachteiligten Kindern deren Chancen optimiert werden. Weiterhin haben die Eltern die Möglichkeit, ihr eigenes Kind im Gruppenverband mit anderen Kindern zu sehen und unter Anleitung der professionellen Erzieherin zu beobachten. Schließlich kann der Kindergarten nur davon profitieren, wenn nach Einführung und unter Anleitung Eltern evtl. Aktivitäten in der Gruppe übernehmen, so daß man gewisse Dinge tatsächlich mit den Kindern (wie es sein sollte) in Kleinstgruppen betreiben und nach dem didaktischen Prinzip der Differenzierung vorgehen kann.
Die Methode des offenen Kindergartens hat selbstverständlich ihre *Grenzen.* Diese beginnen da, wo die Nachteile dieses Vorgehens die Vorteile überwiegen. Es ist einsichtig, daß die Erzieherin nicht zu jeder Kindergartenveranstaltung Besucher haben möchte und haben kann. Dies kann aus subjektiv-persönlichen Motiven oder auch aus objektiv-sachlichen der Fall sein. Die Entscheidung darüber, ob und wann ein Besuch möglich ist, trifft sie selbst. Dem Kindergarten wird damit seine unbedingt notwendige Ruhe gewährleistet, die er zu manchen Zeiten braucht. Wegen dieser wichtigen Eingrenzung sprechen wir am besten von einer „relativ permanenten" Öffnung des Kindergartens.

Viele Gesprächspartner, mit denen wir uns über das Modell „Offener Kindergarten" unterhielten, äußerten Bedenken, ob denn derartige Besuche nicht eher negativen Einfluß hätten auf die Gruppendynamik der Kindergruppe. Dieser sozialpsychologische Einwand erscheint seriös und muß erwogen werden. Die Erfahrungen, die wir mit der Gruppe machten und von denen im folgenden die Rede sein soll, lassen den Einwand nicht so gravierend erscheinen, daß die aufgezeigten Vorteile des offenen Kindergartens nicht unbedingt zu realisieren seien.

2. Die Idee „offener Kindergarten" und die Reaktionen der Erzieherinnen

(*Vorbemerkung:* Die Erfahrungen, auf die sich die folgenden Aussagen beziehen, wurden in der Gruppe einer Vorschuleinrichtung gemacht, die in der Weise modellhaft ist, daß sie eine qualifizierte Elternmitbestimmung und ein positives Elternengagement aufweisen kann, nach einem von initiativ gewordenen Eltern unter Anleitung eines Erziehungswissenschaftlers ausgearbeiteten Konzept vorgeht und einen in der Erziehungswissenschaft tätigen Sozialpädagogen als pädagogischen Fachberater hat. Der Kindergarten insgesamt hat sechs Gruppen und etwa 150 Kinder.)
Die *Idee* „offener Kindergarten" war im Zusammenhang der hier angesprochenen Einrichtung bereits Inhalt des ersten Gespräches, das der pädagogische Berater mit den Vertretern der initiativ gewordenen Eltern hatte. Dies war noch vor der Eröffnung des Kindergartens. Die Elternvertreter sahen die Idee als sehr positiv an und nahmen sie wohlwollend auf. Wahrscheinlich nicht zuletzt, nachdem die oben dargelegten Ziele eingesehen waren, aus dem legitimen und begrüßenswerten Motiv heraus, sich Einblick verschaffen zu können, in welcher Weise die von ihnen mit ausgearbeitete Konzeption des Kindergartens nun eigentlich zu realisieren sei.
Wenn man die *Literatur,* die sich mit Problemen der Vorschulerziehung und des Kindergartens beschäftigt, und dabei besonders die Berichte aus der Praxis (die im großen und ganzen ja nicht zahlreich sind) durchsieht, so fällt auf, daß die Idee des „offenen Kindergartens" nicht sehr publik ist, obwohl in Fröbels Gedanken schon der Kindergarten als „Elternschule" vorkommt. „Der Kindergarten war Teil eines umfassenden, neuen Bildungsplanes für den Menschen in allen Lebensstufen, in dem die vertiefte Zuwen-

dung zum kleinen Kinde die entscheidende Reifungshilfe war. Deshalb war der Kindergarten zugleich belehrende Anschauungsstätte für Eltern."[42]

Für die Schule allerdings scheint die Frage nicht so neu zu sein wie für den Kindergarten. Es gibt wenigstens einige Theoretiker der Schule, welche die hier vertretene Forderung der Elternintegration stellen, und einige Praktiker, welche sie – wenigstens in Versuchen – realisieren[43]. Die Tatsache, daß man in der Vorschulliteratur kaum theoretische Erörterungen unseres Problems findet, während es an Appellen zur Zusammenarbeit mit Eltern im ganzen nicht mangelt, und besonders die Tatsache, daß wir kaum Berichte aus der Praxis des offenen Kindergartens besitzen, deutet darauf hin, daß diese begrüßenswerte und vorteilhafte Intention in der *Erziehungswirklichkeit* kaum realisiert sein dürfte. Dafür spricht auch, daß eine Reihe von Erzieherinnen aus dem Vorschulbereich, die alle praktische Erfahrungen haben, diese Methode als völlig neu betrachteten und sich dementsprechend skeptisch äußern. Das Elternengagement in der Kinderladenbewegung kann als stark modifizierte Form des offenen Kindergartens betrachtet werden. Es macht ja einen Unterschied, ob Eltern aus den oben dargelegten Motiven in das Kindergartengeschehen integriert werden oder ob sie – wie dies wohl bei den Kinderläden der Fall sein dürfte – aus einer personellen Notlage verpflichtet werden, die Arbeit der Berufserzieherin entweder ganz zu übernehmen oder diese stundenweise zu vertreten. Erwähnenswert ist der Versuch der „Samstagsschule für Vorschulkinder und ihre Mütter", über den M. Lipchik berichtet. Man ließ Vorschulkinder am Samstag mit ihren Eltern in die pädagogische Einrichtung kommen und versuchte, die Eltern in einen Lernprozeß zu bringen, der es ihnen ermöglichen sollte, an den übrigen Wochentagen gleichsam im „Kindergarten zu Hause" das fortzusetzen oder zu vollenden, was sie am Samstag gelernt hatten. „Die Mütter begleiten ihre Kinder, lernen mit ihnen zusammen und sind so aktiv am Geschehen der Schule (der Vorschuleinrichtung, Erg. d. Verf.) beteiligt." In dem Bericht ist der kühne Satz zu finden: „... auf diese Weise können sie die vier Wochentage nachholen, an denen andere Kindergärten sonst geöffnet sind." Man mag dieser Aussage etwas skeptisch gegenüberstehen, immerhin haben wir ein mutiges und engagiertes Experiment, das mit unserem Versuch gewisse Gemeinsamkeiten hat in dem Ziel der Elternintegration. Daß man, wie hier gemeint wird, ohne weiteres den Lernprozeß des Kindergartens nach Haus verlegen kann, möchten wir bezweifeln. Bei rein intellektuellen

Lernerfahrungen mag das angehen. Alles aber, bei dem die sozialerzieherische Komponente, die wir für das Hauptelement in jedem Kindergartenangebot halten, eine Rolle spielt, wird bei diesem Vorgehen zu kurz kommen. Damit wollen wir keineswegs die hier erwähnte Samstagsschule im ganzen negieren, im Gegenteil: wir halten sie für einen nachahmenswerten Versuch. Nur möchten wir ein wenig relativieren und können den totalen Optimismus von M. Lipchik nicht teilen[44].
In der *Ausbildung* unserer Kindergärtnerinnen war die Methode „Offener Kindergarten" keineswegs Gemeingut, nicht einmal als Experiment. Erzieherinnen, die wir befragten, ob sie die Methode kennengelernt hätten, bestätigen diese Aussage. Dieser Mangel ist zu sehen im Gesamtzusammenhang mit der kleinkindorientierten Ausbildung an den Fachschulen für Sozialpädagogik. Das Thema Elternarbeit hat als Ausbildungselement erst in jüngster Zeit Ausprägung gefunden.
Wie *reagierten die Erzieherinnen* unserer Einrichtung, als die Methode der Elternteilnahme ins Gespräch kam und realisiert werden sollte? Obwohl es schwierig ist, die Reaktionen exakt wiederzugeben, da keine Einzelinterviews durchgeführt wurden, so kann man doch eine Reihe der Urteile als Ausdruck von Skepsis und Zurückhaltung bezeichnen. Man darf vermuten, daß hier der Verdacht im Hintergrund stand, es werde einem in irgendeiner Weise kontrollierend zugesehen oder gar ein wenig ins Handwerk gepfuscht. Die Erzieherinnen waren der Idee „offener Kindergarten" von Anfang an nicht sehr wohlgesonnen, und man fand nach der Eröffnung der Einrichtung immer genügend Argumente, den „offenen Kindergarten" noch hinauszuschieben. Die verbalisierten Argumente kann man zusammenfassen in der Aussage, es sei noch zu früh und der Kindergarten müsse erst richtig angelaufen sein. Die unterstellten und vermuteten Motive sind, daß ein derartiges Vorgehen neu war. Man hatte es nicht gelernt, weder in der theoretischen noch in der praktischen Ausbildung, und es verlangt genügend Selbstvertrauen, so daß man gegenüber den Eltern (auch den „akademischen") keine Versagensängste entwickeln muß. Nachdem eine Erzieherin mit den Besuchen der Eltern im Kindergarten begonnen hatte, machte eine zweite in ihrer Gruppe das Experiment, und damit waren die anfänglichen Barrieren überwunden. Wir möchten kommentierend bemerken, daß wir diese Verhaltens- und Reaktionsarten von Erzieherinnen gegenüber dem neuen Vorgehen für durchaus verständlich halten, dennoch, im ganzen gesehen, als nicht wünschenswert ansehen.

3. Wie reagierten die Eltern auf das Angebot des „offenen Kindergartens"?

Auch für Eltern, die ihr Kind in einem Kindergarten haben, ist es keineswegs etwas Selbstverständliches, wenn ihnen angeboten wird, einen Besuch in der Kindergruppe zu machen. Unsere Erfahrung belegt, mit welchen Mentalitätssperren Eltern diesem Vorhaben gegenüberstehen. Von manchen aber wurde auch das Angebot spontan bejaht in dem Bewußtsein, „sein Kind einmal im Kindergarten erleben zu können". Andere Eltern äußerten, sie hätten sowieso den Verlauf des Kindergartens einmal kennenlernen wollen. Dabei handelt es sich wahrscheinlich um die, die sehr hohe Erwartungen an den Kindergarten stellen und sich nun überzeugen wollen, ob diese einigermaßen realitätsgerecht sind. Es gab auch Mütter, die der Gruppenerzieherin immer wieder von ihrem „schwierigen Kind" berichteten – wobei diese allerdings das Urteil über das betreffende Kind nicht teilen konnte – und nun gerade auf die Verhaltensweisen des Kindes im Gruppenverband besonders neugierig waren. An skeptischen Äußerungen und solchen, die zunächst Bedenken erkennen lassen, kamen etwa folgende Aussagen: Es stört doch evtl. die Gruppe; oder: Mein Kind möchte das nicht; oder die Befürchtung, daß das eigene Kind nur die ganze Zeit bei der jeweiligen Mutter sitzen werde; eine Mutter meinte, die Kinder, deren Eltern doch nicht kommen könnten oder einfach nicht kämen, seien dann gegenüber den anderen benachteiligt – diese Mutter kam trotzdem; mehrere Eltern stellten der Erzieherin die Frage, ob es sie denn nicht unsicher mache, wenn sie von anderen bei ihrer Arbeit mit der Gruppe beobachtet werde. Bei einigen Müttern ergab sich der umgekehrte Effekt, nämlich daß die Eltern selbst bei ihrem Aufenthalt in der Gruppe äußerst unsicher waren. Gerade bei diesen Eltern darf man annehmen, daß ihr Bedenken äußernder Einwand eine Projektion enthielt, d.h., daß sie selbst gewisse Ängste hatten, in der Gruppe bzw. in der Gegenwart ihres Kindes beobachtet zu werden. Von Elternseite kam auch der Einwand, daß evtl. die Dynamik der Kindergruppe durch die Anwesenheit von Erwachsenen stark beeinflußt werde.

4. Vorbereitung und Anleitung der Eltern

Die Form der Elternarbeit, von der hier die Rede ist, kann nur erfolgreich sein, wenn alle Beteiligten entsprechend vorbereitet und angeleitet sind. Sie ist nämlich für alle ungewöhnlich und neu: für die Erzieherin, die Kinder und für die besuchenden Eltern. In unserem Fall wurde zwischen der Erzieherin und allen Eltern, die an einem Besuch in der Kindergartengruppe Interesse hatten, ein Termin vereinbart, an dem man sich zu einem Vorgespräch treffen sollte. Grundlage dieses Gespräches wie überhaupt der Vorbereitung auf den Besuch im Kindergarten waren einige Punkte, die wir vorher mit dem gesamten Team der Erzieherinnen erarbeitet, abgesprochen und diskutiert hatten. So ergab sich gleichsam ein „Verhaltenskatalog“ für die Eltern, den man vervielfältigte und den Eltern aushändigte. Darin sind folgende Hinweise enthalten:

- Das eigene Kind sollte vom Besuch der Eltern im Kindergarten zeitig informiert werden.
- Es dürfte im allgemeinen günstig sein, wenn die Eltern in der Anlaufphase des Kindergartentages, also etwa während der ersten Stunde nach Öffnung, eintreffen.
- Die Eltern sollten die Gruppe nicht zu einem beliebigen Zeitpunkt verlassen, sondern in sich anbietenden Spiel- bzw. Tätigkeitspausen und nach kurzer Rücksprache mit der jeweiligen Gruppenerzieherin.
- Bei den ersten Besuchen bitten wir die Eltern, sich im wesentlichen auf die Beobachtung des Geschehens in der Gruppe zu beschränken und nicht von sich aus einzugreifen. Dies kann nach einer gewissen Zeit des Kennenlernens durch Übernahme konkreter Aufgaben je nach persönlicher Neigung abgelöst werden.
- Wir bitten die Eltern, sich nach einem Besuch im Kindergarten über die von ihnen gemachten Beobachtungen mit den Erzieherinnen auszutauschen, dies am besten, sofern es möglich ist, direkt im Anschluß an den Besuch.

Wir meinen, daß die hier angeführten Hinweise zum Besuch des offenen Kindergartens Minimalforderungen enthalten, damit dieses Experiment gelingen kann, der Gruppenverlauf nicht unnötig gestört wird und die Beteiligten nicht überflüssige Frustrationen erleiden müssen. Den letzten Punkt, daß eine Aussprache mit den Eltern nach ihrem Besuch stattfinden sollte, halten wir für besonders wichtig. Es könnte sich sonst der Fall ergeben, daß jemand einen völlig falschen Eindruck aus dem Kindergarten mitnimmt. Der Eindruck, den die betreffende Person durch den jeweiligen Besuch erhält, ergibt sich per se immer nur durch einen Ausschnitt aus dem gesamten Geschehen im Kindergarten. Er kann also niemals die Realität voll wiedergeben. Um so wichtiger ist es, daß an den Meinungen der Eltern, die evtl. aus einmaligen Sondersituationen des Kindergartens sich ergaben, u. U. Korrekturen angebracht werden.

5. *Die Kinder reagierten generell positiv*

Wenn man die Forderung, daß alles, was in der Erziehung geschieht, „um des jungen Menschen willen", d. h. zu seiner Förderung und zu seinem Wohlergehen, zu geschehen hat, als den Grundsatz jeder erzieherischen Aktion überhaupt ansieht, dann handelt es sich bei der hier anzuschneidenden Frage nach der Reaktion der Kinder auf dieses Unternehmen um den wichtigsten Punkt unseres Berichtes.
Wir wollen hier entsprechend unseren Erfahrungen fragen a) nach dem Verhalten der Kinder allgemein bei derartigen Besuchen, b) den normalen Reaktionen beim eigenen Kind des Besuchers, c) den besonderen Reaktionsweisen beim eigenen Kind, d) den besonderen Verhaltensweisen von Kindern bei allen Besuchen und e) vor allem nach einer möglichen Begründung der Verhaltens- und Reaktionsarten.

a) Reaktionen der Kinder allgemein

Es wurde in den vorangegangenen Erörterungen des öfteren darauf hingewiesen, wieviel Skepsis und wie wenig Unbefangenheit der Methode „offener Kindergarten", gerade was das Verhalten der Kinder betreffe, gegenüberstanden. Wir können nach unserem Versuch keineswegs bestätigen, daß derlei Befürchtungen angebracht sind, sondern müssen im Gegenteil sagen: Für die Kinder waren die Besuche der Eltern im allgemeinen „nichts Besonderes". „Die Kinder akzeptierten die Besucher und ließen sich nicht bei ihrem Spiel stören." Nach den Gründen für dieses „normale" Verhalten fragen wir weiter unten.

b) Normalreaktion beim eigenen Kind

Bei aller Schwierigkeit der Bestimmung des sogenannten Normalen dürfte Einigkeit darüber bestehen, daß es zum „Normalverhalten" eines Kindes in der Vorschulzeit gehört, den Besuch der eigenen Mutter in der Kindergartengruppe nicht total gelassen hinzunehmen, sondern in irgendeiner Form zu reagieren. Greifen wir exemplarisch ein Beispiel heraus: Die Mutter eines Kindes macht einen Besuch in der Gruppe, und gleich nach ihrem Erscheinen versucht das Kind seine Mutter in „Beschlag zu nehmen". Es läßt an Aktionen mit der Mutter kaum ein anderes Kind partipizieren, sondern sieht die Mutter gleichsam als seinen Besitz an. Die Mutter beschäftigt sich eingehend mit dem Kind, indem sie ihm aus dem Bilderbuch eine Geschichte erzählt. Das dauert etwa eine halbe Stunde, und das Kind löst sich von seiner Mutter, wendet sich seinen üblichen Spielkameraden zu und nimmt wie sonst am Gruppengeschehen teil. So oder ähnlich dürften sich Kinder im allgemeinen verhalten bei Besuchen der eigenen Mutter oder des eigenen Vaters im Kindergarten. Wenn man will, so kann man diese Verhaltensweise als „Normalreaktion" bezeichnen.

c) Sonderreaktion beim eigenen Kind

Normales Verhalten läßt sich eigentlich als solches kaum positiv beschreiben, sondern es wird immer nur zu begreifen sein unter dem Aspekt des besonderen bzw. des auffälligen Verhaltens[45]. Als „besonders" bzw. als „auffällig" bezeichnen wir das Verhalten eines Kindes, das sich bei dem Besuch seiner Mutter in der Gruppe permanent an diese klammert und während eines ganzen Vormittages sich nicht mehr von ihr trennt, um sich wieder in das normale Gruppengeschehen integrieren zu lassen. Ein anderes extremes Beispiel mag gleichfalls als auffällig bezeichnet und interpretiert werden: Ein Kind wird überhaupt nicht von der Anwesenheit seiner Mutter in der Gruppe berührt und reagiert gar nicht bzw. so, als ob irgend jemand, nicht aber die eigene Mutter, anwesend sei. „Es läßt die Mutter links liegen und führt wie sonst das große Wort unter seinen Freunden." Allerdings soll das Kind in der Zeit nach diesem Besuch eine gewisse Veränderung gezeigt haben: vorher sah es den Kindergarten ausschließlich als seine eigene Welt an und war nicht geneigt, der Mutter etwas aus dem Geschehen des Gruppenlebens zu berichten. Auf die Frage, die von Kindergartenmüttern ihren Kindern am häufigsten gestellt wird, was sie denn heute im Kindergarten gemacht hätten, kam in der Regel die Antwort: „Das geht dich nichts an! Es ist mein Kindergarten!" Nach dem Besuch der Mutter soll das Kind des öfteren seine Kindergartenerlebnisse mit ihr ausgetauscht haben und seiner Mutter gegenüber offener gewesen sein in Dingen, die den Kindergarten betrafen.

d) Besondere Reaktion eines Kindes bei allen Besuchen

Ein Beispiel muß noch erwähnt werden, in dem ein Kind auf alle Elternbesuche in auffälliger Form reagierte. Es handelt sich dabei um ein dreijähriges Kind, das bei dem Besuch jeder Mutter darauf bedacht ist, sich einen Platz an ihrer Seite zu sichern und ihr Geschichten zu erzählen. Nach Meinung der Gruppenerzieherin hat das Kind ansonsten zu seinen Eltern „ein normales und gesundes Verhältnis".

e) Warum verhielten sich die Kinder in der dargestellten Weise?

Es wurde oben (unter a) erwähnt, daß die Kinder im allgemeinen nichts Besonderes in den Besuchen der Eltern sahen und sie gelassen akzeptierten. Diese Verhaltensweisen der Kinder dürften von einer Reihe von Variablen abhängig sein, auf die hier eingegangen werden soll. An erster Stelle ist der durchgängige *Erziehungs- bzw. Führungsstil,* den die Erzieherin in der Gruppe pflegt, zu nennen, da dieser bei den verschiedenen Reaktionsarten der Kinder Hauptfaktor ist. Wir möchten behaupten, daß das Experiment „offener Kindergarten" in dieser Gruppe im allgemeinen deshalb gelingen konnte, weil von seiten der Erzieherin Wert auf ein selbstregulierendes Verhalten der Kinder gelegt wird; auf eine Erziehung, die Unabhängigkeit vom Erwachsenen als eines der wichtigsten Erziehungsziele[46] betrachtet. Die Erzieherin gestaltet den Tagesablauf mehr als Randperson mit und ist auf möglichst viel Eigeninitative der Kinder bedacht. Die Selbstentscheidung der Kinder wird von ihr ausdrücklich provoziert. Die Kinder sollen vor allem ihre Konflikte überall dort selbst lösen, wo dies ohne Eingreifen der „erwachsenen Autorität" möglich ist. Die Bedürfnisse der Kinder sollen weitestgehend Ausgangspunkt für Entscheidungen sein und Beachtung finden. Es wird Wert gelegt auf eine freie Entfaltung der Kinder, wobei der Erzieher möglichst wenig dominieren darf. Erst bei einem derartigen Stil kann auch das Prinzip „Kreativität" Anwendung finden und sich als Fähigkeit beim Kind entwickeln. Nur so ist eine Erziehung zur Relativität und nicht zum Denken in festgefahrenen Schemata möglich. Gerade bei den schematisierten Programmen, die in vielen Kindergarteneinrichtungen Anwendung finden, dürfte ein derartig freies Vorgehen gefordert sein. Der hier verwirklichte Führungsstil ist als „sozial-integrativ" zu bezeichnen, darf aber keineswegs mit einer „Laissez-faire-Haltung" verwechselt werden.

Es dürfte neben dem allgemeinen Gruppenstil für das Reagieren der Kinder wichtig sein, wie sie auf derartige Besuche *vorbereitet* sind. In unserem Fall unterhielt sich die Erzieherin vorher mit den Kindern über die Besuche. Dabei ist von Bedeutung, daß ihnen eine für sie plausible Begründung gegeben wird. Dies kann dadurch geschehen, daß man ihnen sagt, die Eltern sollten auch einmal den Kindergarten kennenlernen, sowie alles das, was die Kinder dort täten.
Ein weiterer Faktor, der bei dem Verhalten der Kinder während der Besuche eine Rolle spielt, ist die *Beziehung,* die ein Kind zu seinen Eltern hat. Diese hängt zusammen mit allen Sozialisationserfahrungen, die das Kind evtl. in seiner frühesten Kindheit machen mußte und die hier ebenfalls Einfluß nehmen werden. Im allgemeinen hängt aber das Verhalten der Kinder, besonders des eigenen Kindes, auch mit dem Verhalten der Eltern bei ihren Besuchen zusammen. Unsere Erfahrungen dazu sollen im folgenden dargestellt werden.

6. Zum Verhalten der Eltern bei ihren Besuchen

Über die Verhaltensart der Eltern, wie wir sie uns wünschen, wurde bereits in dem Abschnitt „Vorbereitung und Anleitung der Eltern für den offenen Kindergarten" gesprochen. Wir erwähnten dort einen „Verhaltenskatalog". Man könnte annehmen, daß alle Eltern, mit denen eine derartig intensive Anleitung betrieben wurde, den betreffenden Vorbereitungen entsprechende Verhaltensweisen zeigen würden. Bei einem recht großen Teil der Besucher war das tatsächlich der Fall. Unsere Erfahrungen zeigen, daß man verschiedene Typen von elterlichen Verhaltensmustern unterscheiden und diese grob in wünschenswerte und nichtwünschenswerte aufgliedern kann.

a) Nichtwünschenswerte Verhaltensweisen

Dabei findet sich ein Muster, das man als „direktiven Verhaltenstyp" bezeichnen könnte. Das ist z.B. die Mutter, die es stets auf ihr eigenes Kind abgesehen hat, nicht aber um einigermaßen gelassen dessen Sozialverhalten in der Kindergruppe zu beobachten, sondern um das Kind ständig zu mahnen und in seinen Aktionen zu korrigieren: Sei lieb! Schlag nicht! usw. Das Verhalten der Mutter besteht im wesentlichen darin, das eigene Kind zu gängeln.

Die Verhaltensweise eines anderen Besuchertyps könnte man als „permissiv" bezeichnen. Das ist die Person, die dasitzt und nichts tut, sondern „zusieht". Es handelt sich bei diesem „Zusehen" aber nicht um die Form des sicheren und aktiven Beobachtens, sondern es ist eine Passivität aus Verlegenheit und Gehemmtheit. Die betreffende Person verhält sich steif und unnatürlich. Sie schämt sich gleichsam wegen des Verhaltens ihres eigenen Kindes, während dieses Verhalten, objektiv gesehen, keineswegs zu einer negativen Reaktion Anlaß sein muß.

b) Wünschenswerte Verhaltensweisen

Wir fanden bei unseren Erfahrungen eine Reihe von Müttern, deren Tätigkeit beim Besuch man als gezieltes Beobachten bezeichnen kann und die vor allem die Impulse der Erzieherin interessiert aufnehmen. Greifen wir ein Beispiel heraus, bei dem die Frage der Selbstregulierung im Vordergrund steht: Es geht dabei um zwei Kinder im gleichen Alter und von allgemein gleicher Konstitution. In einer Spielsituation nimmt das eine dem anderen das Spielzeug weg, ohne es darum gefragt oder gebeten zu haben. Es kommt zwischen den beiden Kindern zum Streit, und die Gruppenerzieherin interagiert nicht, behält allerdings die beiden im Auge. Die als selbstverständlich zu erwartende Frage der Mutter lautet: „Warum greifen Sie nicht ein?" Die Erzieherin weist in der Beantwortung der Frage auf ihr pädagogisches Prinzip hin, daß Kinder im großen und ganzen ihre Konflikte selbst lösen sollen und dies auch können. Daß sie allerdings beim Überschreiten gewisser Grenzen oder bei erheblicher Überlegenheit eines der beiden Kinder eingreife und mit den betreffenden Kindern ins Gespräch komme. Sollte sich ein derartiges Verhalten des öfteren wiederholen, so werde sie die Diskussion um diesen Streit in die Gruppe verlegen. Die Mutter sieht bald ein, daß hier ein pädagogisch begrüßenswertes Prinzip Anwendung fand. Ihr Verhalten bestand – und so sollte man es sich bei den anfänglichen Besuchen wünschen –, in der Hauptsache im Beobachten und Besprechen.
Ein anderes Beispiel von mütterlichem Verhalten sei noch kurz erwähnt, wobei etwas mehr Aktion im Spiel war, aber keineswegs störendes Handeln: eine Mutter nimmt nach Beginn ihres Besuches in der Gruppe sehr bald die Rolle des Erwachsenen ein, der die Kinder aber nicht gängelt oder mahnt, sondern dem die Kinder Fragen stellen können, die sie normalerweise von anderen Kindern nicht beantwortet bekommen. Die Mutter spielt auch mit den Kin-

dern, ohne aber permanent zu dominieren. Sie findet sehr schnell Kontakt zu der Gruppe.
Dieses elterliche Verhalten setzt allerdings schon eine gewisse Selbstsicherheit voraus. Im Gegensatz dazu gab es unter den unerwünschten Verhaltensformen der mehr direktiven und permissiven Eltern Äußerungen, die eher als Zeichen der Unsicherheit und Ängstlichkeit betrachtet werden müssen, z.B. ein dauerndes Schauen zur Gruppenerzieherin, in der Befürchtung, von dieser beobachtet zu werden.
Wenn man zu einem vorläufig wertenden Resumee der Elternbesuche kommen möchte, so ist zu fragen, welcher Verhaltenstyp häufiger vorkam, derjenige, den man als wünschenswert bezeichnen kann oder derjenige, der für die Gruppe manchmal sogar als störend anzusehen ist. Wir möchten dazu betonen, daß nach unseren Erfahrungen bei weitem der erste, nämlich der beobachtende und besprechende und damit positive Verhaltenstypus überwog. Der größte Teil der Eltern war keineswegs störend für das Gruppengeschehen, im Gegenteil: die meisten Besucher waren entweder für sich subjektiv als Beobachter oder in einem Teil der Gruppe als mehr Agierender konstruktiv. Ein Satz der Selbstkritik: Wir sollten die Eltern ein wenig schulen in teilnehmender Beobachtung und ihnen Beobachtungskategorien vermitteln.

7. *Aussprache mit den Eltern*

Wir erwähnten, daß es günstig sein dürfte, wenn die Eltern bei den ersten Besuchen in der Gruppe im wesentlichen die Rolle des aufmerksamen Beobachters einnehmen und nach dem Besuch mit der Erzieherin ihre Eindrücke austauschen würden. Auf die Bedeutung der Nachbesprechung und auf die Erfahrungen, die wir damit machten, soll hier eingegangen werden.
Wir dachten ursprünglich, daß es möglich sein müsse, die hier erwähnte Aussprache mit den Eltern direkt im Anschluß an ihren Besuch im Kindergarten zu führen. Das hätte den Vorteil, daß die Erlebnisse stärker präsent und die Eindrücke frisch sind. Es ist jedoch deshalb nicht möglich, weil die Eltern meist den gesamten Vormittag in der Gruppe bleiben und mittags in der Regel ihren Hausfrauenpflichten nachzugehen haben und zweitens die Gruppenerzieherin beim mittäglichen Aufbruch der Kinder zu sehr beschäftigt ist, um ein Gespräch führen zu können. Die Kindergärtnerin beschränkte sich deshalb darauf, sich kurz mit den Eltern

auszutauschen, veranstaltete aber dafür jeweils nach ca. zehn Besuchen Diskussionsabende, zu denen sie die Eltern, die einen Besuch im offenen Kindergarten gemacht hatten, wie auch die übrigen Eltern der Gruppe einlud. Bei den Diskussionsabenden äußerten die Eltern, was ihnen positiv aufgefallen war, jedoch auch ihre negative Kritik. Sie brachten vor allem ihr Erstaunen zum Ausdruck, wie „ruhig und harmonisch" die Gruppe sich verhalten habe während der Besuche, und einige Mütter meinten, es sei doch verwunderlich, daß sich die Kinder kaum um die Erwachsenen gekümmert hätten. Es gefiel ihnen, wie selbständig die Kinder in der Gruppe entscheiden konnten und dies auch taten; daß die Kinder keinem Zwang unterstanden und ihre Einfälle und Ideen genügend Beachtung gefunden hätten. Allerdings wurde die Freiheitlichkeit in der Kindergartengruppe auch in manchen Punkten von den Eltern negativ kritisiert, und sie zeigten damit, daß sie kaum bereit bzw. in der Lage sind, ein freiheitlich-sozialintegratives Erziehungsmuster konsequent zu Ende zu denken. Einige Eltern brachten z.B. Einwände dagegen, daß ihre Kinder im Kindergarten essen könnten, wenn sie Lust dazu hätten, oder daß die Kinder auf den Tischen herumkriechen, manchmal sogar darauf stehen und davon herunterspringen könnten. Diese Einwände sind von den Eltern her, subjektiv betrachtet, natürlich verständlich, denn sie gehen davon aus, was ihre Kinder zu Hause dürfen bzw. was *sie* „früher im Kindergarten durften". Wir sind allerdings der Meinung, daß man Kindern im Alter von 3 bis 6 Jahren den Unterschied z.B. zwischen den Essensmahlzeiten zu Hause und im Kindergarten erklären kann. Wenn man auch Wert darauf legt, daß das Kind zu Hause an den Mahlzeiten der übrigen Familienmitglieder teilnimmt, so kann daraus nicht geschlossen werden, daß in der Kindergartengruppe von den 20 oder mehr Kindern vormittags Punkt zehn Uhr die Brote hervorgeholt werden müssen. In manchen Fällen soll oder muß der Kindergarten geradezu die Restriktionen, welche dem Kind in der Familie auferlegt werden, überwinden und kompensieren. Das hat im übrigen auch nichts zu tun mit einem zweigleisigen Erziehungsstil, der auf jeden Fall vermieden werden muß. Es ist sehr wichtig, daß die Kindergärtnerinnen, die ja Berufserzieherinnen sind, den Eltern klarzumachen versuchen, wie bedeutend es für das Leben eines Kindes ist, daß es selbst Entscheidungen treffen kann.

Im ganzen gesehen, waren in unserem Fall die Eltern mit dem Erziehungsstil der Gruppenerzieherin einverstanden und unterstützten diesen – jedenfalls verbal. Einige Mütter berichteten, daß

ihr Kind „recht selbständig und auch etwas lautstark" geworden sei, nachdem es die ersten Wochen im Kindergarten verbracht habe. Eltern zu erklären, daß derartige Reaktionen damit zusammenhängen, daß die Kinder wohl vor dem Eintritt in den Kindergarten repressiv und autokratisch behandelt wurden, ist äußerst schwierig und kann nur mit sehr viel Einfühlungsvermögen und Sachverstand geschehen. Allgemein wurde der Gruppenerzieherin mitgeteilt, daß die Kinder in der relativ kurzen Zeit, die sie nun im Kindergarten gewesen seien, eine rege Entwicklung durchgemacht hätten.
An den Diskussionsabenden mit den Eltern wurde deutlich, daß sie bereit sind, offen und ehrlich über ihre Verunsicherung und Unkenntnis in pädagogischen Verhaltensfragen zu sprechen und daß sie gleichsam lernbegierig viele Impulse aufnehmen.
Nachdem schon auf die *Bedeutung* der Aussprache mit den Eltern nach ihrem Besuch hingewiesen wurde (vgl. Abschnitt 4), hier noch einige Anmerkungen dazu: Wir sagten, daß der Eindruck, den man selbst bei mehrmaligem Besuch im Kindergarten erhält, immer nur selektiv gewonnen sein kann und damit in manchen Fällen durchaus verfälschenden Charakter erhalten dürfte. Ein reales Bild vom Kindergartengeschehen können Eltern nur aufgrund mehrerer Informationsfaktoren gewinnen. Einer der wichtigsten Faktoren dabei ist aber die Methode „offener Kindergarten", wobei allerdings ein unerläßlicher Bestandteil das „Nachgespräch" sein muß. In der Nachbesprechung mit den Eltern liegt auch für diese der Hauptbildungs- oder Lerneffekt. Man kann den Eltern sagen, was sie beim nächsten Mal anders machen sollten, man kann ihnen Impulse geben zur Korrektur ihrer erzieherischen Verhaltensweisen. Andererseits dürfte es für die Gruppenerzieherin selbst nicht ohne Bedeutung sein, die Stellungnahme der Eltern zu ihrer Interaktionsweise zu erfahren.
In manchen Fällen können Eltern dabei die objektivere und zugleich bessere Einsicht haben. Die Berufserzieherin erhält in derartigen Gesprächen sehr oft notwendige Reflexionsanstöße.

VI. Der Elternbrief

Eine weitere Möglichkeit, Elternintegration in der Vorschulerziehung zu erreichen und evtl. Einstellungsänderungen bei den Eltern zu bewirken, ist der Elternbrief, den der Kindergarten in lockerer Folge, mindestens aber alle zwei Monate, herausgibt. Es ist selbstverständlich, daß zwischendurch auch die Gelegenheit genutzt werden muß, den Eltern Kurz- bzw. Eilinformationen per Brief zu übermitteln. Damit ist aber nicht der eigentliche „Elternbrief des Kindergartens“ gemeint. Dieser „Elternbrief“ soll dazu dienen, den gesamten Informationsfluß zwischen dem Kindergarten und allen Eltern zu systematisieren und zu egalisieren. Die Eltern wissen nämlich dann, daß die für sie wichtigsten Dinge in diesem Brief, der ihnen entweder im Kindergarten übergeben oder vom eigenen Kind mit nach Hause gebracht wird, stehen.

1. Die inhaltliche Gestaltung

Es wird im allgemeinen dem Erzieherteam zu überlassen sein, wie die inhaltliche Gestaltung des Elternbriefes aussieht. Unter anderem wäre an folgende Inhalte zu denken:

- pädagogische Themen, die für die Eltern zugeschnitten und in verständlicher Weise abgehandelt sind;
- Ereignisse im Kindergarten (Feste, Neuanschaffungen usw);
- Veranstaltungen zur Elternbildung, insbesondere deren Ankündigung sowie referierende und kommentierende Berichte. (Damit würde eher eine Chance gegeben sein, auch die Eltern erreichen, die bei einer Veranstaltung nicht anwesend sein konnten – jedenfalls mit der kurz zusammengefaßten Hauptinformation der betreffenden Veranstaltung. Für die Eltern, die bei der Bildungsveranstaltung dabei waren, ist es ein erneuter Reflexionsanstoß.)
- Man darf nicht versäumen, in diesen Elternbrief die Nöte und Sorgen (soweit sie publizierbar sind) des Kindergartens hineinzubringen.

- Auf alle Fälle sollten Eltern die Möglichkeit bekommen, in dem Rundbrief selbst Stellung zu Problemen zu beziehen: der Elternbrief erhält dabei die Stelle eines Mediums der Öffentlichkeitsarbeit für den Kindergarten.
- Hinweise auf Bücher und Zeitschriften könnte dieses „Mittel" der Elternarbeit enthalten.
- Hinweise und womöglich auch kritische Stellungnahmen zu Fernsehsendungen sollte man in den Elternbrief aufnehmen.
- Witzige Aussagen von Kindern im Kindergarten könnten unter einer Rubrik „Lustiges aus dem Kindergarten" gebracht werden.

Ansonsten: Findigkeit ist alles!

2. Die Technik des Elternbriefes

In der Regel wird zur Bewältigung der Technik des Elternbriefes der gesunde Menschenverstand mit ein wenig Systematik und Eifer ausreichen.

Man muß sich darüber unterhalten, *wer* den Elternbrief redigiert. Daß alle Erzieherinnen des Kindergartens sich an der Zusammenstellung beteiligen, dürfte selbstverständlich sein. Die Endredaktion müßte aber verantwortlich in einer Hand liegen. Es ist sicherlich der falsche Weg, wenn die Leiterin des Kindergartens grundsätzlich den Elternbrief allein erarbeitet und herausgibt. Man könnte sich vorstellen, daß die Redaktion im Turnus wechselt und so jeder einmal die Gesamtverantwortung übernimmt. Es darf aber nicht passieren, daß ein Termin für die Herausgabe des Elternbriefes festgesetzt wird, und die verantwortliche Redakteurin dann kurz zuvor bis in die Nacht hinein allein dasitzt und „tippen" muß. Das ist eine falsche Arbeitsdisposition. Am besten legt man sich im Büro des Kindergartens eine allen Erzieherinnen zugängliche *Mappe* an, in die zu jeder Zeit Zettel sowie Materialien getan werden können, welche die Ideen für den nächsten Elternbrief enthalten.

Man sollte den „großen Elternbrief" – wie gesagt – in lockerer Folge, mindestens aber alle zwei Monate herausgeben und die einzelnen Ausgaben fortlaufend numerieren. Auf eines sei noch hingewiesen, und es sollte dann auch beachtet werden: Der Elternbrief ist keine Zeitung und will auch kein Zeitungsersatz sein, und deshalb soll er äußerlich einerseits zwar attraktiv aufgemacht sein, andererseits aber keinen Perfektionismus aufweisen. Der Inhalt ist das wichtigste.

Hier ein paar Beispiele für „Kinderwitzigkeiten", wie sie tagtäglich im Kindergarten vorkommen und Eltern sicherlich viel Spaß bereiten, wenn sie im Elternbrief stehen:

- Ein Kind: „Wenn ich groß bin, kaufe ich mir einen Mann, mit dem ich den ganzen Tag spielen kann."
- Einige Kinder spielten im Garten und entdeckten einen Käfer. Nachdem sie ihn einige Zeit beobachtet hatten, wollte ihn ein Kind zertreten. Daraufhin sagte ein Kind: „Laß ihn doch, der möchte doch auch sein Leben genießen", und ein anderes fügte hinzu: „Er kann dann ja gar nicht mehr in den Kindergarten gehen, wenn er tot ist."
- Ein Kind fragte die Erzieherin: „Weißt du, warum die Kinder alle jeden Tag in den Kindergarten gehen müssen?" Erzieherin: „Nein." Antwort: „Damit sie zu Hause ihre Muttis nicht mehr soviel ärgern können."

Empfehlung: Ich möchte an dieser Stelle gerne aufmerksam machen auf die wertvollen Elternbriefe des „Arbeitskreises Neue Erziehung". Diese könnte der Kindergarten als „Vorlage" für den eigenen Elternbrief, in dem man sich zu einem erzieherischen Thema äußern möchte, benutzen. Diese Elternbriefe beziehen sich besonders auf das Kindergartenalter. Z. B. werden folgende Themen behandelt: Vorbereitung auf den Kindergarten. Was erwarten und verlangen Eltern vom Kindergarten? Das Kind streitet sich mit anderen Kindern. Geht Ihr Kind gern in den Kindergarten? Wann ist das Kind schulreif? Angst vor der Schule. Usw. Will der Kindergarten sich zu einem bestimmten Thema äußern, das man für dringlich ansieht, so kann man einzelne Blöcke dieser Elternbriefe – die für das Verständnis der Eltern sehr gut formuliert sind, verändern oder vervielfältigen. Damit wirbt man zugleich für diese Elternbriefe und(!) für eine wünschenswerte Erziehung.
Die Elternbriefe sind zum Preis von DM 6,90 + Versandkosten erhältlich bei
„Arbeitskreis Neue Erziehung", 1 Berlin 15, Kurfürstendamm 67, Tel. 881026.

VII. Der Hausbesuch

Der Kindergarten ist eine „sozialpädagogische“ Einrichtung in dem Sinne, daß es sich dabei um eine außerschulische Erziehungsinstitution handelt. „Sozialpädagogisch“ ist der Kindergarten aber auch deshalb zu nennen, weil wir es hier immer mehr mit sozialen Problemen im Sinne von Auffälligkeit bzw. Abweichung vom sogenannten „Normalen“ zu tun haben. In diesem Rahmen ist auch der Hausbesuch bei den Kindergarteneltern zu sehen.

1. Möglichkeiten und Grenzen

Vom Kindergarten sollten alle Möglichkeiten ausgeschöpft werden, das Verhältnis zum Elternhaus des Kindes zu verbessern, und dort, wo es für notwendig gehalten wird, macht die Erzieherin auch einen Hausbesuch in der Familie. Dabei ist sie sich darüber im klaren, daß das eine der schwierigsten und problematischsten Möglichkeiten der Elternarbeit vom Kindergarten aus bedeutet, die dennoch in einzelnen Fällen realisiert werden muß. In all den Familien, wo es nicht notwendig erscheint, wird die Erzieherin schon deshalb keine gezielten Hausbesuche durchführen, weil sie dazu keine Zeit erübrigen kann. Wenn sich aber im einen oder anderen Fall die Notwendigkeit ergibt, so wird man sich einige Gedanken machen müssen über die Methodik des Hausbesuches. Es ist zu bedenken, daß es sich in der Regel um eine problematische Familie handeln wird, in die man hineinkommt und in der man nur mit viel Kenntnis und Fertigkeit sozialer Arbeit wirksam werden kann.

Die Erzieherin darf bei dem Besuch in der Familie auf keinen Fall den Eindruck erwecken, als habe sie eine kontrollierende Funktion auszuüben. Es ist im Gegenteil alles daranzusetzen, der betreffenden Familie das Gefühl zu vermitteln, daß es bei dem Gespräch um eine Hilfe für die Erziehung und die Entwicklung ihres Kindes geht. Übrigens hätte die Kindergärtnerin keinerlei Legitimationsbasis für eine Kontrolle, im Gegensatz zum Beispiel zur Sozialarbeiterin, wenn diese im Rahmen der Familienfürsorge Hausbesuche macht.

2. Die Durchführung des Hausbesuches

Was die Durchführung des Hausbesuches betrifft, so ist zu beachten, daß man nach Möglichkeit seinen Besuch anmeldet und eine für die Eltern einigermaßen günstige Zeit auswählt. Wenn man Wert darauf legt, daß der Vater in das Gespräch mit einbezogen wird – ob dies richtig ist, muß im Einzelfall entschieden werden –, so wäre es unvernünftig, gerade zu dem Zeitpunkt den Besuch zu legen, wenn dieser ermüdet von der Arbeit nach Hause kommt. Ebenso muß man sich nach anderen Aktivitäten, die von Familien evtl. für wertvoll gehalten werden, richten. Dies soll auch dann geschehen, wenn es sich um Dinge handelt, die von einem selbst als völlig wertlos erachtet werden. Es hätte z.B. wenig bzw. keinen Sinn, am Montagabend gegen 18.30 Uhr einen Hausbesuch zu machen, wenn man genau weiß, daß die gesamte Familie zu dieser Zeit „Schweinchen Dick“ ansieht. Beim Hausbesuch wird es manchmal auch notwendig sein, mit den Geschwistern des Kindergartenkindes ins Gespräch zu kommen, um evtl. die Stellung des betreffenden Kindes in der Geschwisterreihe etwas besser kennenzulernen.

Für das Gespräch ist es sicher vorteilhaft, wenn man sich vorher einige Anknüpfungspunkte überlegt, die – gleichsam als Einstieg – auf jeden Fall eher positiven Inhalt haben müßten. Ein angemessenes Gespräch unter Menschen läßt sich nicht bis ins letzte vorplanen. Man müßte aber in unseren Fällen einige Kernpunkte durchdenken bzw. durchspielen.

Es bleibt noch zu fragen, *wer* den Hausbesuch durchführt. Soll dies die Kindergartenleiterin tun, die Gruppenleiterin oder evtl. eine Zweitkraft der Gruppe? Auch hier gilt, wie so oft: pauschal ist darauf eine Antwort nicht möglich, sondern es muß von Fall zu Fall entschieden werden. Manchmal kann es durchaus angemessen sein, daß die Kindergartenleiterin den Besuch macht, weil sie im Gegensatz zur Gruppenleiterin evtl. eine etwas neutralere Position hat. Aber auch genau das Gegenteil kann der Fall sein, je nachdem welche Ereignisse vorausgegangen sind.

VIII. Das Gespräch mit den Eltern

Die Gespräche, welche die Erzieherin mit den Eltern zu führen hat, lassen sich, vom Elternabend abgesehen, grundsätzlich in zwei Typen einteilen: wir können mehr funktionale Gespräche, die sich gleichsam „nebenbei" ergeben, von intentionalen, die gezielt angestrebt und angesetzt werden, unterscheiden. Funktionale Gespräche ereignen sich im Kindergarten meist „zwischen Tür und Angel", während intentionale Gespräche in der Regel in einer festgesetzten „Sprechzeit" stattfinden. Es soll zunächst etwas zu den Inhalten gesagt werden, die sich in der Kommunikation zwischen Kindergärtnerin und Eltern allgemein ergeben.

1. Worüber Eltern mit der Erzieherin sprechen

Der Hauptgesprächsgegenstand zwischen Eltern und dem Kindergarten ist von seiten der Eltern die Frage, ob das Kind sich „angepaßt" verhalte; angepaßt an die Forderungen des Kindergartens und an die Erwartungen, welche von der Gesellschaft, z. B. Schule, gestellt werden. In einer Erhebung zur Elternarbeit des Kindergartens stellte ich Erzieherinnen die Frage, was die hauptsächlichsten Problempunkte in ihren Gesprächen mit den Eltern seien, und das eben Gesagte wurde bestätigt. Im Mittelpunkt des Gesprächs steht demnach das Verhalten des Kindes, und zwar das Verhalten innerhalb der Gruppe („Kontakte", „Kameraden" usw.), gegenüber der Kindergärtnerin („Ist das Kind brav?", „Folgt es?"), das Verhalten zu Hause im Vergleich zum Verhalten im Kindergarten usw. In der Frage der Eltern kommt auch sehr stark das Interesse zum Ausdruck, das Kind möge sich „ordentlich" verhalten, tut es dies aber nicht, so haben die Eltern im allgemeinen den Wunsch, die Erzieherin möge „dem Kind sein schlechtes Verhalten abgewöhnen". Zentrales Gesprächsthema zwischen Kindergärtnerin und Eltern sind wirkliche und von den Eltern als solche gesehene Erziehungs- bzw. Verhaltensauffälligkeiten. Die befragten Erzieherinnen nannten folgende Probleme, die Eltern immer wieder im

Gespräch erwähnen würden: Sprachstörungen, Aggressionen, Bettnässen, Schimpfwörter, Nahrungsverweigerung, Kontakthemmung, Konzentrationsschwächen, Lügen, Stehlen, Trotz, Streunen, unstetes Spielverhalten usw. – Eltern wünschen sich ein leistungsbewußtes und -orientiertes Kind. Das zeigen sie dadurch, daß sie sich immer und immer wieder nach der Schulreife ihrer Kinder erkundigen sowie danach, was durch dieses oder jenes Vorschulprogramm besonders gefördert werde oder ob der Kindergarten überhaupt Vorschulerziehung „mache". Eine Kindergärtnerin berichtet:

„‚Kommt mein Kind zur Schule?' – Diese Frage ist wohl die häufigste. Eltern verlangen oft von uns, das Kind tatsächlich schulreif zu machen, meist soll ein Jahr dazu genügen. Stellt sich heraus, daß das Jahr nicht genügt hat, um das Kind auf allen Gebieten zu fördern, dann sind die Fachkräfte am Versagen schuld. Niemals die Eltern. Das sind die Gedanken und Meinungen von Eltern."

Eine andere Kindergärtnerin antwortet auf meine Frage nach dem Hauptgesprächsgegenstand:

„Vorschulerziehung. Durch Fernsehen, Radio und Presse sind die Eltern beunruhigt worden. Sie möchten jetzt, daß an ihren Kindern nichts versäumt wird."

Wie stark das Interesse der Eltern an den gesellschaftlich erwarteten Leistungen der Kinder ist, bringt auch die folgende Aussage einer Kindergärtnerin zum Ausdruck:

„Die Eltern möchten gerne Lob über ihre Kinder hören. Sie fragen nicht nach den Problemen ihrer Kinder; nicht wie sie sich in einer Gemeinschaft bewegen und selten nach dem allgemeinen Verhalten. Sie fragen etwa so: „Kommt mein Kind gut mit?" „Ist mein Kind intelligent?" „Kann ich es beruhigt in die Schule schicken?" Sie wollen jetzt schon Leistungen sehen. Fehlverhalten der Kinder lassen Eltern nicht gelten. Man darf nichts Negatives über ihre Kinder sagen. Sie werden dann sofort frostig, abweisend und uneinsichtig."

Diese Aussage wird allerdings in dem Punkt des sozialen Verhaltens von den meisten Kindergärtnerinnen korrigiert, die sehr häufig die Elternfrage nach dem „braven und angepaßten" Verhalten des Kindes nennen. Eine Erzieherin nennt als häufigste Forderung der Eltern, sie solle „streng" sein.
Andere typische Elternfragen sind: Warum verhält sich das Kind im Kindergarten ganz anders als zu Hause? Wie kann ich mein Kind zu Hause fördern? Weitere etwas mehr in den Familienbe-

reich gehende Fragen werden gestellt: Wie man dies oder jenes im Hinblick auf das kommende Baby tun solle; was ein sinnvolles Geschenk für das Kind sei; über die Geschwisterkonstellation wird ebenso gesprochen wie über Fernsehen und finanzielle Probleme der Familie usw. usw.

Zusammenfassend kann man sagen, daß der inhaltliche Kanon, der das Gespräch zwischen Eltern und Kindergärtnerin ausfüllt, sehr umfangreich ist und sich in der Hauptsache auf Erziehungs- und Familienfragen bezieht, aber selbst diffizile Eheprobleme mit enthält.

2. Das Gespräch „zwischen Tür und Angel“

Es wurde eingangs dieses Kapitels das eher als funktional zu bezeichnende Gespräch zwischen Eltern und Erzieherin genannt. Dabei geht es darum, daß die Zeiten, zu denen Eltern ihr Kind in den Kindergarten bringen oder es dort abholen, als Gelegenheit genutzt werden, mit den Eltern zu sprechen bzw. sich von diesen ansprechen zu lassen. Es wird sich dabei oft nur um den Ansatz zu einem späteren eigentlichen Gespräch handeln, da es meist die Zeit ist, zu der noch ein großer Teil der Kinder und auch andere Eltern anwesend sind. Ein Gespräch im eigentlichen Sinne dürfte bei diesen Gelegenheiten also weniger zustande kommen, sondern das Gespräch zwischen Tür und Angel wird das eigentliche (intentionale) Gespräch meist erst ermöglichen. Bei diesen Kontakten kann aber eine wichtige Vertrauensbasis entstehen, und die Eltern können ermutigt werden zu weiteren Kontaktnahmen. Wichtigste Voraussetzung dafür ist allerdings eine dauernde Gesprächsbereitschaft der Erzieherin. Der Kindergarten, der seine Eltern nicht einmal das Gebäude betreten, sondern die Kinder draußen „abliefern“ und in Empfang nehmen läßt, macht nicht gerade den Eindruck einer Gesprächsbereitschaft. Ich ließ mir über eine Reihe von Kindergärten sagen, daß derartige Gepflogenheiten praktiziert würden. In diesen Fällen werden dann meist „hygienische Argumente“ vorgeschoben. Man hat eher den Eindruck, der Kindergarten sei ein wenig müde und man wolle sich die Eltern vom Leibe halten. Die Eltern suchen keineswegs immer von sich aus das Gespräch mit der Erzieherin, sondern sie muß in vielen Fällen auf diese zugehen und sie ansprechen. Das könnte sich z. B. in folgenden Fällen ergeben:

- Man hat ein auffälliges und schwieriges Kind in der Gruppe. Hier ist besonders auf Diskretion zu achten, evtl. sollten die Eltern in das Zimmer der Kindergärtnerin gebeten werden.
- Ein besonderer Vorfall hat sich im Kindergarten ereignet (z.B. eine Verletzung oder ähnliches).
- Die Kindergärtnerin erinnert noch einmal persönlich an Veranstaltungen, wie Elternabende oder Kinderfeste, oder an einen Besuch im Kindergarten.– Die Erzieherin bittet Eltern in die Sprechstunde und macht mit ihnen einen Termin aus.
- Eine Elterngruppe diskutiert vor dem Kindergarten über ein Problem des Kindergartens. Hier muß die Kindergärtnerin herausfinden, ob sie bei diesem Gespräch erwünscht ist bzw. ob sie die Angelegenheit klären kann.

Bei diesen Elterngesprächen zwischen Tür und Angel ist unbedingt darauf zu achten, daß man sich nicht ausschließlich mit den Eltern unterhält, die „einem liegen". Das sind oft die „falschen" Eltern, d.h., die Erzieherin ist hier mit ihren pädagogischen Intentionen an der falschen Adresse. Im allgemeinen sollten diese Gespräche kurz und eher genereller Natur sein.
Diese permanenten „Türgespräche" haben aber auch atmosphärische Funktion; sie sollen den Eltern das Gefühl geben, daß nicht nur ihr Kind, sondern auch sie selbst hier akzeptiert sind.

3. Das beratende Gespräch in der Sprechstunde

Im Idealfall, der sich allerdings vielmals auch realisieren ließe, müßten Eltern im Kindergarten die Möglichkeit haben, sich von zwei Seiten beraten zu lassen: von den Erziehern (Gruppenerzieherin bzw. Kindergartenleiterin) einerseits und von der pädagogischen Betreuung des Kindergartens andererseits. Diese pädagogische Betreuung könnte in manchen Fällen von einem an der Praxis interessierten Pädagogik- oder Psychologiedozenten einer Fach- bzw. Fachhochschule, Pädagogischen Hochschule oder Universität in einer Art Supervisorfunktion durchgeführt werden. Für die Beratung der Eltern sind eigens Sprechstunden anzusetzen, in denen man auch vertiefte Gespräche führen kann. Wir sprechen dabei von intentionalen Gesprächen, weil diese gezielt angesetzt sind und betrieben werden. Da diese Gespräche in der Regel beratenden Charakter haben, sollen zur Methode der Beratung einige grundsätzliche Aspekte aufgezeigt werden. Beratung ist nicht nur im Sinne einer ausgebauten und methodisch wie wissenschaftlich gesicherten Institution – etwa der Erziehungsberatungsstelle – zu verstehen. Erzieherische Beratung betreiben im Grunde auch Eltern untereinander sowie der Arzt, der Lehrer, der Pfarrer usw. Der sozialpädagogisch ausgebildete Erzieher aber berät als Fachkraft für Erziehung. Er hat entsprechend gezielt einen Stil anzuwenden, der überhaupt Fragen zuläßt. Der autoritäre Umgangsstil mit Eltern würde diese kaum zu Fragen, die ja immer der Ansatz zu einem Beratungsgespräch bedeuten, animieren.

Beratung entsteht – mit K. Mollenhauer –

1. „nur angesichts einer Frage. In dieser Frage dokumentieren sich nicht nur die relative Selbständigkeit und Distanz des Klienten, sondern in ihr ist auch die methodisch entscheidende Tatsache gesetzt, daß ausschließlich die Erwartungen des Klienten – und nicht die Erwartungen, Wünsche, Normen, Hoffnungen des Beraters – den Ansatz und Fortgang der Beratung bestimmen. Nur was der Ratsuchende formuliert, ist ein vertretbarer Gegenstand der Beratung.
2. Beratung schreitet fort als Gespräch, d.h. als rein verbales Wechselspiel. Insofern die Frage des Ratsuchenden immer auch eine Frage nach Sachverhalten (nach Wirklichem) ist, enthält das Beratungsgespräch immer auch Information. Eine Beratung kann, wenn nach nichts anderem gefragt ist, damit enden.
3. Insofern die Frage des Ratsuchenden aber eine Frage nach seinen eigenen *Möglichkeiten* ist, enthält das Beratungsgespräch Elemente einer kritischen Aufklärung bzw. ist selbst diese Aufklärung als Prozeß.
4. Die Beratung endet mit dem Rat, der, wenn er sich nicht als Ergebnis des Gesprächs für den Ratsuchenden selbst ergibt, vom Berater erteilt wird. Dieser Rat ist insofern verbindlich (für den Berater), als er das Engagement des Beraters enthält. Er ist insofern unverbindlich (für den Ratsuchenden), als er auch die subjektiven Motivationen des Beraters enthält, für den Ratsuchenden also nur Beispiel ist.“

Von größter Bedeutung ist aber die Aktivierung und das eigene Engagement des Ratsuchenden. Deshalb sagt K. Mollenhauer:

5. „Sowenig indessen der Berater auf eigenes Engagement verzichten bzw. es völlig unterdrücken kann, so sehr kann gerade dies das entschiedene Engagement des Ratsuchenden verhindern. Häufig genug hat der Ratsuchende die Tendenz, in der akuten Unselbständigkeit, in der er sich befindet, zu verharren, noch tiefer in sie hineinzuflüchten dadurch, daß er sich an den Berater anlehnt, sich seiner Meinung unterwirft, sich als selbst Entscheidender und Planender aufgibt. Der Beratungsvorgang würde seiner Möglichkeit als Aufklärung zuwiderlaufen, wenn das Engagement des Beraters entscheidendes Gewicht bekäme.“[47]

Beratung der Eltern, in diesem Sinne durchgeführt, läßt die Tätigkeit der Kindergärtnerin immer zugleich zur funktionalen Erziehungsberatung werden. Man weiß, daß unsere eigentlichen Erziehungsberatungsstellen überlastet sind. In sehr vielen Fällen ist es so, daß irreparable Schäden aus der Erziehung in der frühen Kindheit vorliegen. Die einzige pädagogische Institution, die außer der Familie Einfluß auf die frühe Kindheit und den dort verlaufenden Sozialisationsprozeß hat, ist der Kindergarten. Die dort tätigen Erzieherinnen sind damit in vielen Fällen auch die einzigen, die, vorbeugend oder korrigierend, Eltern fachlich fundiert beraten können. Wegen der großen Bedeutung der Erziehung in früher Kindheit und weil man sieht, daß die „eigentliche" Erziehungsberatung in ungezählten Fällen zu spät kommt – wenn überhaupt –, muß die Beratung der Eltern als eine Aufgabe der Erzieherin im Kindergarten mit Nachdruck gefordert werden. Der Einwand, die Kindergärtnerin sei dazu nicht ausgebildet, ist dann entkräftet, wenn diese das in ihren Möglichkeiten Liegende tut und ihre Grenzen einsieht. Diese Möglichkeit der erzieherischen Prophylaxe dürfte bislang zuwenig genutzt sein (vgl. die Erörterungen S. 27ff.).
Ziel der hier geforderten funktionalen Erziehungsberatung muß sein, herauszufinden, ob man es mit einem „Fall" zu tun hat, bei dem es günstig und ausreichend erscheint, selbst Ratschläge zu erteilen, oder ob es notwendig ist, die Eltern auf eine Erziehungsberatungsstelle aufmerksam zu machen und evtl. in dringenden Fällen die Kontakte zwischen den Eltern und der Beratungsstelle herzustellen. Daß es sich hier nicht um eine besonders leichte Aufgabe handelt, liegt auf der Hand. Die Beratungssituation ist inhaltlich grundsätzlich offen, obwohl man natürlich Inhaltstypen angeben kann, wie es oben (unter 1.) mit Hilfe der Aussagen von Kindergärtnerinnen geschehen konnte. Zum intensiven Aufnahmegespräch vgl. man „Elternarbeit für alle Eltern", in: Kindergarten heute 1, 1975, S. 20–26.

4. Grundsätze der Gesprächsführung

Beratung vollzieht sich im Gespräch. An dieser Stelle sollen deshalb einige Grundthesen über Einstellung und Technik einer angemessenen, beratenden Gesprächsführung umrissen werden, was als Anreiz zum vertieften Studium der Literatur bzw. zu einem gezielten Training der Gesprächsführung verstanden sein will. (Vgl. Literaturhinweis am Ende des Kapitels.)

Allgemeine Grundsätze zur Einstellung in der Elternberatung

1. In der Beratung sollte man „dem Menschen im ganzen" gerecht zu werden versuchen, also dem Menschen in seiner Eigenart und Würde als Person, seiner Individualität.
2. Die Selbsthilfemöglichkeiten des zu beratenden Adressaten müssen geweckt oder entdeckt und gefördert werden. Wie in der sonstigen Sozialarbeit gilt auch hier das Motto: Hilfe zur Mit- bzw. Selbsthilfe.
3. Eltern sollen in der Einstellung der Erzieherin als Partner angesehen und behandelt werden.
4. Eltern sind so zu akzeptieren, wie sie sind. Andererseits müssen ihnen aber ihre Grenzen und Fehler in einer humanen und toleranten Form aufgezeigt werden.
5. Die Situation und Verhaltensweise der Eltern sind unvoreingenommen zu beurteilen, nicht aber von einer „richtenden" Haltung aus.
6. Dort anfangen, wo die zu beratenden Eltern stehen! Dies gilt im Hinblick auf deren Interessen, Fähigkeiten zur Einsicht, Fühlen und Wollen usw.
7. Wo auch immer es möglich ist, sollte man mit den Stärken der Eltern arbeiten, statt nur gegen ihre Schwächen zu kämpfen. Man muß dazu allerdings bereit und in der Lage sein, nach Stärken zu suchen.
8. Man sollte alles daran setzen, daß die Eltern die Möglichkeit erhalten, sich frei zu äußern.
9. Vom Kindergarten aus müssen wir darauf bedacht sein, den Eltern zu helfen, ihr Recht auf Selbst- und Mitbestimmung sowie ihre Pflicht auf Selbst- und Mitverantwortung zu sehen und zu realisieren, soweit immer dies möglich und vernünftig ist.
10. Es ist wichtig, daß den Eltern geholfen wird, sich selbst, ihre Situation und die mit ihren Problemen in Zusammenhang stehenden Personen immer besser zu verstehen[48].

Diese Grundsätze sind als Richtpunkte bzw. als Reflexionsimpulse zu betrachten. Sie sind, ähnlich wie die folgenden Hinweise zur Technik der Gesprächsführung[49], nur in dieser allgemeinen Form möglich, da es sich bei den am Gespräch Beteiligten um menschliche Individuen handelt und es insofern keine für alle Fälle gültigen Rezepte zum Umgang mit ihnen geben kann.

Grundsätze der Gesprächsführung

1. Ein guter Gesprächspartner weiß, wie wichtig das *Zuhören* für den Gesprächserfolg ist und wird sich nicht scheuen, auch einmal eine notwendige Pause entstehen zu lassen.
2. Der Gesprächsführer wird in der Regel seinen Partner ermuntern, das Gespräch *zu beginnen,* um so dessen Probleme, Sprache und Situation kennenzulernen. Gleich am Anfang wird er ihm Diskretion zusichern.
3. Nach Möglichkeit sollte man (in Niveau, Tempo, evtl. auch Dialekt, usw.) die *Sprache* des zu Beratenden sprechen.
4. Bei *Fragen* wird man deutlich spüren müssen, daß sie einen verstehenden und helfenden, nicht aber examinierenden und inquisitorischen Zweck verfolgen. Sie müssen in Art und Anzahl angemessen sein. Offene Fragen sind meist besser als solche, die mit Ja oder Nein zu beantworten sind.
5. *Bemerkungen,* die vom Gesprächspartner gemacht werden, sollen den gleichen Sinn haben wie die Fragen. Weiter müssen sie als ermutigend und beruhigend gemeint sein und so verstanden werden.
6. Im Beratungsgespräch bleibt man *sachlich* und nüchtern in Verhalten und Wortwahl. Man übertreibt nicht und bedient sich einer Ausdrucksweise, die den notwendigen Konkretheitsgrad hat.
7. Obwohl es sich um ein berufliches Gespräch handelt, beantworten wir, wo es angebracht erscheint, *auch persönliche Fragen,* die uns gestellt werden. Sie bilden oft brauchbare Anknüpfungspunkte.
8. Den Gesprächspartner wird man genügend aus sich herausgehen und sich entfalten lassen,wobei man aber *selbst das Gespräch führt* und es nicht aus der Hand gleiten läßt.
9. Gesprächsteile sowie Bemerkungen dürfen nur da *gedeutet* werden, wo es vernünftig und einleuchtend ist.
10. Im Hinblick auf die *Außenfaktoren* ist zu bedenken, daß eine freundliche und einladende Atmosphäre geschaffen wird: daß das Gespräch in der Regel nicht länger als eine Stunde gehen soll und man sich anschließend Notizen macht.

Zur weiteren Auseinandersetzung mit Fragen der Gesprächsführung in der Beratung sei verwiesen auf Roger Mucchelli, Das nicht-direktive Gespräch, Salzburg, o.J.

IX. Eltern helfen sich selbst – Initiativgruppen

Wer wäre nicht unzufrieden gewesen mit der vergangenen Kindergartensituation, bei der in der Bundesrepublik nur jedes dritte Kind einen Kindergartenplatz bekommen konnte? Welche engagierte Erzieherin war nicht ärgerlich darüber, daß sie jedes Jahr bei der Neuaufnahme viele Kinder vor der Tür stehen lassen und den Eltern sagen mußte, daß alle Kindergartenplätze vergeben sind? Vielleicht waren es oftmals gerade die Eltern, deren Kinder aus Gründen der Chancengleichheit am ehesten einen Kindergartenplatz hätten bekommen müssen. „Wir haben eine sehr große Warteliste", sagte eine Kindergartenleiterin. „Es fällt mir schwer, Mütter, die um einen Kindergartenplatz bitten, abzuweisen. Meine Gruppenstärke entspricht deshalb nicht den Vorschriften." Diese Situation hat sich nun in vielen Gebieten der Bundesrepublik gründlich gewandelt. Mancherorts ist es bereits so, daß man „auf Suche nach Kindern geht", um die vorhandenen Kindergartenplätze zu besetzen. Die gegenwärtige Tendenz stellt sich so dar, daß wir auf der einen Seite immer weniger Kinder im Kindergartenalter haben und auf der anderen Seite immer mehr ausgebildete Facherzieher, die im Kindergarten tätig werden sollen. In Baden-Württemberg hatten Anfang 1975 bereits fast 90% der Kinder im Alter zwischen drei und sechs Jahren einen Kindergartenplatz. Diese Zahl lag allerdings weit über dem Bundesdurchschnitt.

Es ist jedoch zu bedenken, daß die Kindergartensituation örtlich sehr unterschiedlich ist. In manchen Bereichen gibt es nach wie vor die leidige Warteliste, und Kindern aus unterprivilegierten Familien werden wahrscheinlich immer noch am ehesten die ihnen zustehenden Förderungschancen vorenthalten. In solchen Fällen müßte der Kindergarten sozialpädagogische Hilfe leisten, indem man die Eltern auf Selbsthilfemöglichkeiten aufmerksam macht und sie dabei beratend unterstützt.

Die Erzieherin des Kindergartens wird sich nicht verhalten dürfen wie ein Kaufmann, der befürchten muß, jemand würde ein Konkurrenzunternehmen eröffnen, sondern sie wird Eltern Anregungen geben, was sie jetzt schon tun können, um ihren Kindern den fehlenden Kindergartenplatz in irgendeiner Form zu ersetzen. Ingrid Ellinghaus hat in hervorragender Weise einen knappen, aber informativen Leitfaden über Kindergartenselbsthilfe zusammengestellt, den wir den Eltern, die eine Initiativgruppe bilden wollen, empfehlen müßten. Dieses wertvolle Bändchen ist erhältlich bei der Geschäftsstelle des Paritätischen Bildungswerkes in Frankfurt a.M., Heinrich-Hoffmann-Straße 3, und hat den Titel: „Eltern helfen sich selbst". Es kostet 2,50 DM. Im folgenden werden als Anregungen, die von der Kindergärtnerin an Eltern weitervermittelt werden sollen, einige Grundgedanken des Bändchens dargestellt.

1. Kinderparkplatz und Erntekindergarten

Eltern können bereits jetzt etwas ändern an der unzureichenden Kindergartensituation, indem sie *sich* helfen, z.B. durch Einrichtung eines sogenannten „Kinderparkplatzes". Dabei betreuen sie wechselseitig in einer ihrer Wohnungen oder in einem angemieteten Raum ihre Kinder, oder sie engagieren dafür eine Kraft. Der Zweck ist eine Entlastung der Eltern für ein paar Stunden, während eine Förderung dabei weniger stattfinden kann.
Weitere Möglichkeiten sind der sogenannte „Erntekindergarten" und „Kinderspielkreis". Der Erntekindergarten ist ein provisorischer Kindergarten, der von April bis November halbtags geöffnet ist und von einigen Müttern gegen einen Stundenlohn von etwa 3.– DM pro Stunde geleitet wird. Der Kinderspielkreis dagegen ist während des ganzen Jahres in Betrieb, aber nur an zwei Tagen in der Woche geöffnet. Auch das sind allerdings nur Provisorien und entlasten lediglich die Eltern.

2. Eltern-Kind-Gruppen

Eltern *und* Kindern kann geholfen werden durch die Gründung von Eltern-Kind-Gruppen: Eltern schließen sich zunächst in einer losen Vereinigung zusammen, diskutieren in mindestens vier Besprechungen Ziele und Methoden ihrer Erziehung. Dann bildet man Arbeitsgruppen, die sich mit Finanzierungsfragen, Studium von psychologischer, pädagogischer und soziologischer Literatur sowie mit den Methoden der Erziehung auseinandersetzen. Es wird ein Raum gemietet und eine pädagogische Kraft gesucht. Eltern arbeiten bei diesem Projekt weiter mit und treffen sich zwei- bis viermal im Monat. Im ländlichen Raum ist die Realisierung eines derartigen Vorhabens schwieriger, wie ich aus eigener Erfahrung weiß, aber keineswegs unmöglich. Vorschläge bei Ellinghaus, S. 8f.

Wie aber finden die Eltern *Gleichgesinnte?* Gerade hier kann die Erzieherin des Kindergartens behilflich sein, indem sie den Eltern, welche die Initiative ergreifen wollen, die Warteliste des Kindergartens gibt, mit dem Rat, zunächst einmal die ihnen bekannten Eltern anzurufen oder anzuschreiben. Geben Sie den Eltern weiter den Tip, eine Annonce bzw. einen Bericht (der kostenlos ist) in das meistgelesene Lokalblatt zu bringen. (Textvorschläge bei Ellinghaus, S. 14).
Am Beginn der Gründung einer Eltern-Kind-Gruppe sollte die Frage nach dem *Erziehungskonzept* stehen. Darauf müssen wir die Eltern besonders aufmerksam machen, da einige Gruppen wegen zermürbender Diskussionen über das Konzept sich nach einiger Zeit des Bestehens auflösten. Deshalb wird hier der Fragespiegel vorgestellt, der übrigens auch für die Diskussion des Erziehungskonzepts im Kindergarten sehr gut brauchbar sein kann. Die folgenden Fragen können Ihnen helfen herauszufinden, inwieweit Sie untereinander in bestimmten Grundfragen der Erziehung übereinstimmen:
– Wie verhalten Sie sich, a) wenn Sie beobachten, daß Kinder streiten? b) wenn streitende Kinder weinend zu Ihnen kommen? – Wie reagieren Sie, wenn Kinder das Essen verweigern? – Was tun Sie, wenn Kinder nicht schlafen gehen wollen? – Ist es schon einmal vorgekommen, daß Ihre Kinder etwas mutwillig zerstörten? Wie haben Sie sich verhalten, oder wie würden Sie sich verhalten? – Wann und wie würden Sie Kinder bestrafen? – Wofür würden Sie Kinder loben? In welcher Form würden Sie das tun? – Welche Dinge oder Handlungen verbieten Sie Ihren Kindern? – Was dürfen die Kinder ohne Ihre Anleitung oder Aufsicht tun? – Sollen Kinder lernen, nach den Ursachen von Verboten zu fragen (z.B. wenn Kinder im Supermarkt alle erreichbaren Süßigkeiten mitnehmen wollen)? – Wie reagieren Sie auf Wutanfälle Ihrer Kinder? – Wie verhalten Sie sich, wenn Sie beobachten, daß Kinder sich gegenseitig die Hosen herunterziehen oder wenn Kinder mit Ihnen zur Toilette gehen wollen? – Soll man Kindern sexuelle Spiele gestatten (z.B. Doktorspiel) oder soll man sie vielleicht so-

gar dazu anregen? – Welchen Wert messen Sie sauberer Kleidung, sauberen Händen und gekämmten Haaren bei? – Würden Sie z. B. mit den Kindern in schmutzigen Hosen und Gummistiefeln in die Stadt gehen? – Halten Sie es für sehr wichtig, daß im Kinderzimmer oder dort, wo die Kinder spielen, Ordnung herrscht? – Wer sorgt dafür, daß Ordnung hergestellt wird? Gibt es bestimmte Zeiten, wann aufgeräumt wird? – In welchen Punkten erwarten Sie, daß Ihre Kinder gehorsam sind? – Was können Kinder oder eine Gruppe von Kindern selbst entscheiden? – Was ist das Ziel der Arbeit mit den Kindern? Sollen die Kinder auf die Schule vorbereitet werden? Sollen die Kinder lernen, sich anzupassen, weil sie es dann später leichter haben? Sollen die Kinder zur Selbständigkeit und Kritikfähigkeit erzogen werden, die auch ihre Erzieher betrifft? Welche Stelle nehmen das Glück der Kinder und die Entwicklung zu einer eigenen Persönlichkeit in der Rangordnung der Erziehungsziele ein? Welche Rolle spielen Besitz und Eigentum in der kindlichen Erziehung? Sollten Kinder zur Leistung erzogen werden?

Eine Reihe von *praktischen* Fragen müssen von den Eltern berücksichtigt werden (ausführlich erläutert und beantwortet bei Ellinghaus, S. 17): 1. Welche Räume eignen sich für eine Kindergruppe? 2. Wieviel Beitrag sollten die Eltern zahlen? 3. Wer ist verantwortlich für die Erziehung der Kinder in der Gruppe? 4. Welche öffentlichen Stellen unterstützen Elterninitiativen? 5. Wie kann man außerordentliche Mittel in seine Kasse bekommen? 6. Wie verhält man sich in Versicherungsfragen? 7. Welche Möglichkeiten der Fort- und Ausbildung zum Erzieher bzw. Erzieherin gibt es? –

Nochmals: Solche Elterninitiativgruppen haben in der Regel provisorischen Charakter. Es ist darauf zu achten, daß dabei kein pädagogischer Unfug getrieben wird, wobei sich das Unternehmen zum Nachteil des Kindes auswirkt; aber auch darauf, daß dadurch nicht weniger engagierte Sozial- und Jugendpolitiker dazu bewegt werden, sich für die Erweiterung der Kindergartenkapazitäten einzusetzen. Man muß jedoch auch sehen, welch positive Ansätze für eine Kooperation von Facherziehern und Eltern hier vorliegen. Unter dem Aspekt der Elternarbeit sind viele der bisher verwirklichten Initiativgruppen als Vorbild für eine Elternintegration in unseren Kindergärten zu betrachten. Jeder Kindergarten müßte sich wünschen, solch engagierte Eltern zu haben.

X. Forderungen an Träger, Politiker, Eltern und Erzieher, Ausbildungsstätten

Das Kindergartenkonzept, das den hier vorgetragenen Gedanken und Vorschlägen zugrunde liegt – das einen deutlichen Akzent in Richtung Elternintegration setzt –, ist bei uns erst im Ansatz verwirklicht. In manchen Einrichtungen müssen aber auch zuerst einmal die Voraussetzungen dafür geschaffen werden, sei es im Hinblick auf die Personalsituation, auf die materielle Ausstattung oder auf Denken und Einstellung. An diesen Voraussetzungen sollten aber nicht zuletzt die Erzieherinnen des Kindergartens mitarbeiten, ja für deren Realisierung mitkämpfen.
Für die volle Verwirklichung dieses Konzeptes, das in manchen Kindergärten jetzt schon realisiert wird, müssen (neben vielen Forderungen an die Vorschulerziehung im engeren Sinne) mindestens die folgenden Punkte neu bedacht werden und eine Veränderung erfahren:

– Es muß ein Umdenken stattfinden bei Eltern und Berufserziehern sowie bei Trägern und Gesetzgebern (vgl. S. 32ff.). Die Beteiligten sollten ihre Vorurteile gegenüber dem anderen erkennen und bedenken, daß sie an einem pädagogischen System mitarbeiten, das nur integrativ und kooperativ gelingen kann, nicht aber, wenn eine Seite von vornherein Dominanzansprüche erhebt. Das Anliegen des Kindergartens kann nur gelingen in beratender Kooperation aller Beteiligten.
– Eine selbstverständliche Forderung: Elternarbeit vom Kindergarten aus ist kein Freizeithobby einiger Kindergärtnerinnen, sondern eine sozialpädagogische Notwendigkeit. Deshalb gehört sie natürlich zur Arbeitszeit der Erzieherin und muß dort entsprechend angesetzt werden. Wir sollten lieber die Öffnungszeiten der Kindergärten reduzieren und dafür die Elternarbeit entsprechend ausbauen. Den Trägerverantwortlichen muß es deutlich werden: die bisher erfolgreich durchgeführten Vorschulexperimente enthielten als eines ihrer Hauptelemente die Elternarbeit. Kein Vorschulexperte und keine durchdachte Kindergartenkonzeption läßt

diesen Bereich aus. Für die Arbeitszeit der Erzieherin muß hier gelten: Qualität geht vor Quantität.

– Die Qualität der Kindergarten- und Elternarbeit ist aber abhängig von der quantitativen Personalsituation. Solange die Erzieherinnen als das schwierigste Problem ihrer Arbeit die zu großen Gruppen ansehen müssen, kann auch nicht qualitativ gearbeitet werden. „Wir haben zu viele Kinder. Kindergärtnerin und Helferin haben 80 Kinder“, sagte eine Erzieherin wörtlich. „Als Leiterin habe ich allein 36 Kinder“, berichtete eine andere. In diesen Fällen unterhält der Träger eine Bewahranstalt, und es ist wahrscheinlich, daß bereits benachteiligte Kinder hier gegenüber priviligierten noch mehr ins Hintertreffen geraten. Kann ein Träger das wollen?

– Unsere Ausbildungsstätten, insbesondere die Fachschulen für Sozialpädagogik, müssen noch deutlicher als bisher erkennen, daß die von ihnen ausgebildeten Erzieher in einem äußerst komplexen pädagogischen System tätig sind, dessen sichtbarer Adressat zwar zunächst das Kleinkind zu sein scheint, das aber abhängig ist und beeinflußt wird von gesellschaftlichen Faktoren, verkörpert in den Meinungen und Interessen von Erwachsenen (Eltern, Industrie usw.). Neben den Qualifikationen für den erzieherischen Umgang mit Kindern sind solche für den Umgang, auch den politischen Umgang, mit Erwachsenen zu vermitteln und entsprechende Curricula zu entwickeln. Daß eine verbesserte Ausbildung eine verbesserte Besoldung verlangt, ist nur konsequent. Die zahlreichen Fortbildungsmaßnahmen zum Thema „Elternarbeit“ sind zu intensivieren. Die fachlichen Kompetenzen für die Bewältigung der Elternarbeit sind während der Ausbildung grundzulegen und in der Fortbildung zu konkretisieren.

– Das hier vorgeschlagene Konzept zur Elternarbeit vom Kindergarten aus betrifft bei seiner Verwirklichung weiter die konventionellen Stätten der Erwachsenenbildung. Es konnte verdeutlicht werden, daß der Kindergarten von seiner Idee und einer verbesserten Praxis her prädestiniert ist für eine erziehungsbegleitende Erwachsenenbildung, die in dieser Form andere Einrichtungen nicht durchführen können. Das würde aber in der Konsequenz bedeuten, daß einige Aktivitäten, besonders zu erzieherischen Themen, von herkömmlichen Erwachsenenbildungsstätten, z. B. Volkshochschulen und Familienbildungsstätten, ausgelagert und auch formell dem Kindergarten übertragen werden und daß dieser auch die öffentlichen Finanzierungsmittel dafür erhält. Das wäre ein besserer Weg als die bisherige „Förderung der falschen Eltern“.

Insgesamt wird hier einsichtig, wie Pädagogik nicht losgelöst betrachtet werden kann von gesellschaftlichen und politischen Aspekten, sondern wie sie, konsequent weitergedacht, mit gesamtgesellschaftlichen Strukturen verbunden ist.
Das hier vertretene Konzept „Elternarbeit vom Kindergarten aus" erfordert weitere Anstrengungen aller Beteiligten. Für unsere Kinder zeigen sich dann glücklichere Perspektiven, wenn die an ihrer Erziehung Beteiligten und die für sie Verantwortlichen ihr Engagement neu akzentuieren. Der Kindergarten dürfte diese Chance nicht vergeben.

Anmerkungen

[1] Vgl. S. W. Gray–R. A. Klaus, The Early Training Project: a seventh year report. Child Development 1970, 41, S. 909–924; zitiert nach „Pädagogische Psychologie – Funkkolleg", Heft 5, S. 29 – Eine Studie, welche die wichtigsten Untersuchungen über den Erfolg kompensatorischer Vorschulprogramme in den Vereinigten Staaten zusammenfaßt, kommt zu dem Resultat, „daß kompensatorische Erziehung nur Sinn habe, wenn sie möglichst intensiv auch die elterliche Umgebung der Kinder in das Programm einbeziehe". Vgl. S. Gerbaulet, Schranken der Chancengleichheit, in: FAZ vom 18. 7. 72 und die OECD-Studie: Organisation for Economic Cooperation an Development (OECD), Stragegies of Compensation: A Review of Educational Projects for the Disadvantaged in the United States, Paris 1971. – Der Bericht zeigt, daß die Vorschulprogramme der USA ihr Ziel nicht erreicht haben. Er dämpft jeden überfrohen Optimismus, in dem angenommen wird, man könne mit vorschulischer Förderung allein Chancen egalisieren, deren Bedingungen viel tiefer zu suchen sind. Auch politische und wirtschaftliche Maßnahmen müssen bei kompensierenden Programmen ergänzend hinzukommen.
[2] Zitiert nach W. Bäuerle, Theorie der Elternbildung, Weinheim–Basel 1972, S. 1.
[3] H. H. Deißler, Lernen im Vorschulalter, in: Kindheit und Jugend in der Gesellschaft, München 1970, S. 68.
[4] D. Sengling, Vorschulerziehung – falsch programmiert?, in: Kindheit und Jugend in der Gesellschaft, München 1970, S. 59ff.
[5] Vgl. W. Hornstein (Hrsg.), Kindheit und Jugend in der Gesellschaft, München 1970, S. 73.

[6] Deutscher Bildungsrat, Strukturplan für das Bildungwesen, Bonn 1970, S. 119.

[7] Die Spannung, in die das Kind durch den Eintritt in den Kindergarten – durch den „Wechsel zwischen familiärer und nebenfamiliärer Erziehung" – gerät, beschrieb H. H. Deißler thesenhaft auf dem 4. Deutschen Jugendhilfetag; vgl. H. H. Deißler, Lernen im Vorschulalter, in: W. Hornstein (Hrsg.), Kindheit und Jugend in der Gesellschaft, München 1970, S. 68f.

[8] Probleme, die sich in der Beziehung zwischen dem Berufserzieher und den zu betreuenden Kindern ergeben, zeigt D. Eckensberger auf. Vgl. D. Eckensberger, Sozialisationsbedingungen der öffentlichen Erziehung, Frankfurt a.M. 1971, besonders S. 96ff. Was dort im Hinblick auf Heimpersonal gesagt ist, dürfte entsprechende Relevanz in aller professionellen Erziehung haben.

[9] H. Hielscher, Elternarbeit im Kindergarten, in: Blätter des Pestalozzi-Fröbel-Verbandes, November/Dezember 1971, S. 181.

[10] Diese Untersuchung wurde von Thalmann durchgeführt und in den Einführungssendungen zum Quadrigalfunkkolleg „Pädagogische Psychologie" referiert.

[11] Vgl. M. Högemann, Zur Situation des Kindergartens, in: Kindergarten heute – Zeitschrift für Erziehung im Vorschulalter 1, 1972, S. 14. – Daß man sich derzeitig allerdings, was die Frage der Anerkanntheit als professionelle Erzieherin und damit als Fachmann für Erziehung betrifft, nicht einem unrealistischen und fröhlichen Optimismus hingeben darf, ist klar. Vgl. P. Priesner, Zur Berufsrolle der Erzieherin, in: Kindergarten heute – Zeitschrift für Erziehung im Vorschulalter 3, 1973, S. 105ff.

[12] U. Oevermann, Schichtenspezifische Formen des Sprachverhaltens und ihr Einfluß auf die kognitiven Prozesse, in: H. Roth (Hrsg.), Begabung und Lernen, Stuttgart [5]1970.

[13] E. L. Thorndike, Adult Learning, 1928, zitiert nach W. Bäuerle, Theorie der Elternbildung, Weinheim–Basel 1972, S. 12.

[14] H. Hielscher, a.a.O. – Das gleiche sieht H. Pfaffenberger, wenn er sich gegen eine generelle, ungezielte Elternerziehung ausspricht: „Vielversprechender und wirkungsvoller ist die gezielte Elternerziehung, individuell oder in kleinen Gruppen in Erziehungsberatungsstellen, Mütterschulen und in der Elternarbeit sozialpädagogischer Einrichtungen geleistet. Hierbei ist ein Eingehen auf die individuelle Situation und ein intensives Arbeiten auch über längere Zeit hin möglich..." Vgl. H. Pfaffenberger, Erziehung und Elternarbeit unter dem Einfluß gesellschaftlich-zivilisatorischer Entwicklungen und Zeittendenzen, in: L. Besser u.a. (Hrsg.), Beiträge zur Sozialpädagogik, Heidelberg 1961, S. 62.

[15] Vgl. dazu auch B. Schmitt-Wenkebach, Eltern als Erzieher, in: G. Hundertmarck – H. Ulshoefer (Hrsg.), Kleinkindererziehung, Bd. 1, S. 120f.; und W. Bäuerle, a.a.O. S. 78.

[16] Ebd. S. 121.

[17] W. Bäuerle, zitiert nach B. Schmitt-Wenkebach, a.a.O. S. 121.

[18] Vgl. dazu W. Bäuerle, a.a.O. S. 72ff.

[19] Die falschen bzw. richtigen Eltern meint auch W. Bäuerle: „Was wir bis heute auf diesem wichtigen Gebiet der Sozialpädagogik zustande bringen, hilft vornehmlich nur einer sehr kleinen Zahl von Eltern, nämlich engagierten, pädagogisch interessierten, bildungsfreundlichen, gebildeten Eltern aus bürgerlichen Häusern, die freiwillig kommen, diskutieren und sich den oft sehr anspruchsvollen Problemen tapfer stellen.
Wir haben keine Programme, keine geeigneten Organisationsformen, keine wirksame Methode, jenen Eltern zu helfen, die dringend solcher Hilfe bedürfen, aber nicht engagiert, die pädagogisch desinteressiert, bildungsfeindlich oder gleichgültig und selbst nicht gebildet sind." – Der Kindergarten dürfte insgesamt mit am ehesten eine Chance haben, die „richtigen" Eltern mit den „richtigen" Methoden zu erreichen. Vgl. Aktuelle Probleme der sozialpädagogischen Praxis, Bonn 1971, S. 14.

[20] Vgl. R. F. Mager, Lernziele und programmierter Unterricht, Weinheim – Berlin – Basel 1972, S. XVII.

[21] Vgl. Chr. Möller, Technik der Lernplanung – Methoden und Probleme der Lernzielerstellung, Weinheim – Berlin – Basel 1971, S. 49f.

[22] Zu verschiedenen Lernzielklassifikationen vgl. man u.a.: Chr. Möller, a.a.O. besonders S. 156.

[23] Vgl. H. Heinrichs, Das Lernmittel – Eine didaktische Notwendigkeit, Definition, Einsatz und Bereitstellung, Schlüchtern o.J.

[24] F. Pöggeler, Methoden der Erwachsenenbildung, Freiburg i.Br. 1964, S. 110f.

[25] G. Weber, Lernen in Gruppen, München 1970, S. 10.

[26] Zur Idee und zum folgenden vgl. W. Erl, Methoden moderner Jugendarbeit, Tübingen 1969, S. 17ff., 35ff.

[27] Vgl. F. Pöggeler, a.a.O. S. 131ff.

[28] Vgl. F. Pöggeler, a.a.O. S. 119ff.

[29] Vgl. Sendetext zum Funkkolleg „Pädagogische Psychologie" 15. Kollegstunde.

[30] Weitere Aussagen zur Frage nach der Lernfähigkeit und dem Begabungspotential der Eltern findet man in knapper Zusammenfassung bei W. Bäuerle, a.a.O. S. 121.

[31] Vgl. ebd. S. 127.

[32] T. Brocher, Gruppendynamik und Erwachsenenbildung, Braunschweig 1967, S. 13, 21f.

[33] Vgl. auch G. M. Rückriem, Der gesellschaftliche Zusammenhang der Erziehung, in: Funkkolleg „Erziehungswissenschaft", Bd. 1, Frankfurt a.M. 1970, S. 257ff.

[34] H. G. Rolff, Sozialisation und Auslese durch die Schule, Heidelberg 1971, S. 37.

[35] Vgl. H. G. Rolff, a.a.O. S. 38–45 und G. M. Rückriem, a.a.O. S. 287–290.

[36] Vgl. H. G. Rolff, a.a.O. S. 45–54 und G. M. Rückriem, a.a.O. S. 290–292.

[37] Vgl. H. G. Rolff, a.a.O. S. 54–63 und G. M. Rückriem, a.a.O. S. 292–294.

[38] G. Kietz, Die Kindergärtnerin – Soziale Herkunft und Berufswahl, München 1966, S. 30f.

[39] M. Furian – G. Vogg, Fernseherziehung – Aufgabe für die Zukunft, Essen 1970, S. 42.

[40] Vgl. H. R. Lückert, Reform der vorschulischen Erziehung, Information und Innovation, in: D. Höltershinken (Hrsg.), Vorschulerziehung, Freiburg i.Br. 1971, S. 137ff.

[41] Die Themenvorschläge orientieren sich stark an B. Schmitt-Wenkebach, Eltern als Erzieher, in: G. Hundertmarck – H. Ulshoefer (Hrsg.), Kleinkindererziehung, Bd. 1, München 1972, S. 134f. – Zu inhaltlichen Schwerpunkten, die sich in der Elternarbeit ergeben, vgl. auch H. Seehausen, Elternbildung in Kindergarten und Grundschule, Paritätisches Bildungswerk, Frankfurt a.M.

[42] E. Hoffmann, Art. Kindergarten, in: Pädagogisches Lexikon, hrsg. von W. Horney u.a., Gütersloh 1970, Bd. 2, Sp. 36.

[43] Vgl. z.B. O. Kampmüller, Der Lehrer und die Eltern, Ansbach 1961; ders., Das Mißverständnis zwischen Eltern und Lehrern, München 1964. – Weiter: K. Schleicher (Hrsg.), Elternhaus und Schule – Kooperation ohne Erfolg?, Düsseldorf 1972.

[44] M. Lipchik, Eine Samstagsschule für Vorschulkinder und ihre Mütter, in: F. M. Hechinger (Hrsg.), Vorschulerziehung als Förderung sozial benachteiligter Kinder, Stuttgart 1970, S. 105–110.

[45] „Das Wissen von dem Normalen ist anscheinend ein nicht reflektiertes Wissen; und die Reflexion stößt bei dem Versuch, das Normale zu fassen und zu formulieren auf große Schwierigkeiten. Physische und psychische Gesundheit scheint, ihrer Natur nach, ein vorbewußter Zustand zu sein, dessen Art, Inhalt und Wert erst aus der Erfahrung des Gegenteils hervorzutreten beginnt." – K. Mollenhauer, Einführung in die Sozialpädagogik, Weinheim – Berlin 1968, S. 42.

[46] Zu der Frage nach dem Ziel in der Kindergartenerziehung vgl. N. Huppertz, Anpassung oder Opposition, in: Kindergarten heute – Zeitschrift für Erziehung im Vorschulalter 3, 1971.

[47] K. Mollenhauer – C. W. Müller, Führung und Beratung in pädagogischer Sicht, Heidelberg 1966, S. 34.

[48] Die Grundsätze zur Einstellung in der Elternberatung orientieren sich an den von H. Lattke zusammengestellten Prinzipien. Vgl. H. Lattke, Das helfende Gespräch, Freiburg i.Br. 1969, S. 22f.

[49] Den hier zusammengestellten Grundsätzen zur Technik der Gesprächsführung liegen die Ausführungen von A. Garrett zugrunde. Vgl. A. Garrett, Gesprächsführung, Grundsätze und Methoden, in: Schriftenreihe der Schweizerischen Vereinigung Sozialarbeitender, Heft 11, Lachen 1966.

Empfohlene und verwendete Literatur

Bauer, G., Die Kindesmißhandlung, Lübeck 1969.

Bäuerle, W., Aktuelle Probleme der sozialpädagogischen Praxis, Bonn 1971.

–, Die Aufgabe der Elternarbeit, Unsere Jugend 7, 1970.

–, Theorie der Elternbildung, Weinheim – Basel 1972 (2).

Beer, U., Bildung vom Bildschirm? Tübingen 1969.

– ,Methoden der geistigen Arbeit, Tübingen 1966.

Berthold, F., Das Kind und seine Erlebniswelt – Wandlungen unter dem Einfluß des Fernsehens, Osnabrück 1970.

Biermann, G., Kindeszüchtigung und Kindesmißhandlung, München – Basel 1969.

Bittner, G. – Schmid-Cords, E. (Hrsg.), Erziehung in früher Kindheit, München 1968.

Boxberg, K. v., Elternschulen, in: Caritas 5, 1968.

Brocher, T., Psychosexuelle Grundlagen der Entwicklung, Opladen 1971.

–, Gruppendynamik und Erwachsenenbildung, Braunschweig 1967.

Broderik, C. B., Kinder- und Jugendsexualität, Reinbek 1970.

Deißler, H. H., Lernen im Vorschulalter, in: W. Hornstein (Hrsg.), Kindheit und Jugend in der Gesellschaft, München 1970.

–, Pädagogische Aspekte zur Erziehung des Vorschulkindes, in: Sagi, A. (Hrsg.), Der Freiburger Modellkindergarten, Freiburg i. Br. 1970.

Deutscher Bildungsrat, Strukturplan für das Bildungswesen, Bonn 1970.

Deutscher Caritasverband, Denkschrift zur Vorschulerziehung, Freiburg i. Br. 1969.

Eckensberger, D., Sozialisationsbedingungen der öffentlichen Erziehung, Frankfurt a. M. 1971.

Ecker, F. – Weyer, F., Sex unter der Lupe – Eine Informationsschrift für Eltern, Lehrer und Erzieher, Hückeswagen 1971.

Ellinghaus, I., Eltern helfen sich selbst, Frankfurt a. M., o. J.

Erl, W., Gruppenpädagogik in der Praxis, Tübingen 1967 (2).

–, Jugendarbeit im Experiment, Tübingen 1971.

–, Methoden moderner Jugendarbeit, Tübingen 1969 (2).

Fabian, G., Diskutieren – Debattieren, München 1969.

Flitner, A., Spielen – Lernen, München 1972.

Frohn, H., Kooperation mit den Eltern: Chance für einen demokratischen Unterricht, in: betrifft erziehung 1, 1972.

Furian, M. – Vogg, G., Fernseherziehung – Aufgabe für die Zukunft, Essen 1970.

Garrett, A., Gesprächsführung, Grundsätze und Methoden, Lachen 1966.
Gehring, O. W., Elternhilfe in jugend- und familienpolitischer Sicht, in: Unsere Jugend 1, 1963.
Götz, A.: Elternarbeit in Vorschulklassen, in: Blätter des PF-Verbandes 4,
Gray, S. W. – Klaus, R. A., The Early Training Project: a seventh years report. Child Development, 1970, 41.
Heide, Ch., Aktion Kindergarten – Eltern helfen Eltern, in: Stern vom 15. 10. 72.
Heinrichs, H., Das Lehrmittel – Eine didaktische Notwendigkeit, Schlüchtern o. J.
Hielscher, H., Elternarbeit im Kindergarten, in: Blätter des Pestalozzi-Fröbel-Verbandes, November/Dezember 1971.
Högemann, M., Zur Situation des Kindergartens, in: Kindergarten heute – Zeitschrift für Erziehung im Vorschulalter 1, 1972.
Hornstein, W. (Hrsg.), Kindheit und Jugend in der Gesellschaft, München 1970.
Hundertmarck, G. – Ulshoefer, H. (Hrsg.), Kleinkindererziehung, Bde. 1–3, München 1972.
Huppertz, N., Anpassung oder Opposition, In: Kindergarten heute – Zeitschrift für Erziehung im Vorschulalter 3, 1971.
–, Elternbildung und Elternmitarbeit im Bereich des Kindergartens, in: Kindergarten heute – Zeitschrift für Erziehung im Vorschulalter 1, 1972.
–, Bilderbücher für die Sexualerziehung im Vorschulalter, in: Blätter des Pestalozzi-Fröbel-Verbandes 1, 1975, S. 39–49.
–, Die alten Partner neu gesehen. Argumente zur Elternarbeit des Kindergartens, in: Welt des Kindes 7, 8, 1975, S. 196–207.
–, Elternarbeit für alle Eltern, in: Kindergarten heute 1, 1975, S. 20–26.
Huppertz, M. und N., Rollenspiel und Vorschulmappe – Sprachförderung im Kindergarten, Fellbach-Stuttgart 1975.
Huppertz, N. – Schinzler, E., Grundfragen der Pädagogik. Eine Einführung für sozialpädagogische Berufe, München 1975.
Huppertz, N. – Schuck, S., Der offene Kindergarten – Ein Bericht aus der sozialpädagogischen Praxis, in: Kindergarten heute – Zeitschrift für Erziehung im Vorschulalter 1, 1973.
Huppertz, N., Zum Umgang mit Menschen – Erziehungs- und Führungsstile – mit einer Rückfrage auf die Demokratie, in: Jugendwohl – Zeitschrift für Kinder- und Jugendfürsorge 1, 1973.
Kampmüller, O., Der Lehrer und die Eltern, Ansbach 1961.
Kentler, H., Sexualerziehung, Reinbek 1970.
Kentler, H. u. a., Für eine Revision der Sexualpädagogik, München 1971.
Kietz, G., Die Kindergärtnerin – Soziale Herkunft und Berufswahl, München 1966.
Knippenkötter, A., Arbeiten mit Gruppen, Düsseldorf 1972.
Koch, F., Negative und positive Sexualerziehung, Heidelberg 1971.
Kollektiv für Sozialarbeit, Erziehung zu emanzipierten Eltern, in: betrifft erziehung vom 23. 10. 72 (Extra II).

Kösel, E., Sozialformen des Unterrichts, Ravensburg 1973.
Kugemann, W. F., Kopfarbeit mit Köpfchen, München 1968 (4).
Landwasser-Elterninitiative, Gedanken zur Erziehung im Vorschulalter, Freiburg i. Br. 1971.
Lattke, H., Das helfende Gespräch, Freiburg i. Br. 1969.
Lewin, L., Führungsstile in der Gruppe, in: Flitner, A. – Scheuerl, H. (Hrsg.), Einführung in pädagogisches Sehen und Denken, München 1968.
Lipchik, M., Eine Samstagsschule für Vorschulkinder und ihre Mütter, in: Hechinger, F. M. (Hrsg.), Vorschulerziehung als Förderung sozial benachteiligter Kinder, Stuttgart 1970.
Lückert, H. R., Reform der vorschulischen Erziehung – Information und Innovation, in: Höltershinken, D. (Hrsg.), Vorschulerziehung, Freiburg i. Br. 1971.
Mager, R. F., Lernziele und programmierter Unterricht, Weinheim–Berlin–Basel 1972 (8).
McLellan, J., Kinder sollen spielen, Freiburg i. Br. 1972.
Mollenhauer, K., Einführung in die Sozialpädagogik, Weinheim–Berlin 1968 (4).
Mollenhauer, K. – Müller, C. W., Führung und Beratung in pädagogischer Sicht, Heidelberg 1966.
Möller, Ch., Technik der Lernplanung, Weinheim – Berlin – Basel 1971 (3).
Mucchelli, R., Das nicht-direktive Gespräch, Salzburg o. J.
Müller, G. E., Vorschulerziehung, München 1971.
Neill, A. S., Theorie und Praxis der antiautoritären Erziehung, Reinbek 1969.
Neumann, U., Wieviel Liebe braucht ein Kind?, Stuttgart 1970.
OECD (Organization for Economic Cooperation and Development), Strategies of Compensation: A Review of Educational Projects for the Disadvantaged in the United States, Paris 1971.
Oerter, R., Moderne Entwicklungspsychologie, Donauwörth 1969 (5).
Österreichischer Caritasverband, Unser Haus hat vier Fenster – Arbeitsbehelf für Kindergärtnerinnen, Wien o. J.
Oevermann, U., Schichtenspezifische Formen des Sprachverhaltens und ihr Einfluß auf die kognitiven Prozesse, in: Roth, H. (Hrsg.), Begabung und Lernen, Stuttgart 1970 (5).
Pachtner, F., Richtig denken – Richtig arbeiten, München 1953 (2).
Pfaffenberger, H., Erziehung und Elternarbeit unter dem Einfluß gesellschaftlich-zivilisatorischer Entwicklungen und Zeittendenzen, in: Besser, L. u. a. (Hrsg.), Beiträge zur Sozialpädagogik, Heidelberg 1961.
Pöggeler, F., Inhalte der Erwachsenenbildung, Freiburg – Basel – Wien 1970 (2).
–, Methoden der Erwachsenenbildung, Freiburg – Basel – Wien 1964.
Priesner, P., Zur Berufsrolle der Erzieherin, in: Kindergarten heute – Zeitschrift für Erziehung im Vorschulalter 3, 1973.

Prüser, Ch., Vorschulgruppen mit Eltern, in: betrifft erziehung 6, 1972.
Rolff, H. G., Sozialisation und Auslese durch die Schule, Heidelberg 1969 (4).
Rost, D., Vom ersten Tag an – Geschlechtserziehung im Vorschulalter, Limburg 1973.
Rückriem, G. M., Der gesellschaftliche Zusammenhang der Erziehung, in Klafki, W. (Hrsg.), Erziehungswissenschaft 1, Frankfurt a.M. 1970.
Sagi, A., Entwicklungspsychologische Aspekte zur Erziehung des Vorschulkindes, in: Der Freiburger Modellkindergarten, Freiburg i.Br. 1970.
Scheibe, W., Die Strafe als Problem der Erziehung, Weinheim 1967.
Schmalbrock, B. und Große-Jäger, H., Elternarbeit im Modellkindergarten St. Stephanus Münster, in: Welt des Kindes, Sept./Okt. 72.
Schmalohr, E., Frühe Mutterentbehrung bei Mensch und Tier, München–Basel 1968.
Schmidhäuser, E., Vom Sinn der Strafe, Göttingen 1971.
Schmitt-Wenkebach, B., Eltern als Erzieher, in: Hundertmarck, G. – Ulshoefer, H. (Hrsg.), Kleinkindererziehung, München 1972.
Schulz, W., Unterricht – Analyse und Planung, in: Heimann, P. – Otto, G. – Schulz, W., Unterricht, Analyse und Planung, Hannover 1969.
–, Vorklassenplanung im Zielkonflikt, in: Vorschulkongreß 1970 – Eine Dokumentation, Velber 1970.
Seehausen, H., Elternbildung in Kindergarten und Grundschule, Frankfurt a.M. o.J.
Sengling, D., Vorschulerziehung – falsch programmiert?, in: Hornstein, W. (Hrsg.), Kindheit und Jugend in der Gesellschaft, München 1970.
Tausch, R. u. A., Erziehungspsychologie, Göttingen 1971 (6).
Ulshoefer, H., Praxisprobleme der Kindergärtnerin, München 1970..
Vogels, W., Wenn ich mein Vater wäre, Essen 1968.
Wahl, K., Kleinkinderziehung und Elternarbeit, in: Neue Praxis 4, 1973, S. 301ff.
Weber, E., Erziehungsstile, Donauwörth 1970.
Weber, G., Lernen in Gruppen, München 1970 (2).
Winn, M. und Porcher, M. A., Vorschule zu Hause. Mütter organisieren Spielgruppen, Stuttgart 1972.
Zitelmann, A. – Carl, T., Didaktik der Sexualerziehung, Weinheim 1971.
Zulliger, H., Spiel – Über die eigentliche Sprache des Kindes, in: Hörl, R. (Hrsg.), Die Zukunft unserer Kinder, München 1972.

Glossar

Diese Erklärung von Fachausdrücken soll als Hilfe bei einer ersten Begegnung mit der erziehungswissenschaftlichen Fachsprache dienen, die hier nicht vermieden werden konnte. Die Begriffe werden in der Regel nur so erklärt, wie sie im Buch verwendet sind. Das Glossar kann kein Fachlexikon ersetzen; es soll im Gegenteil zum dortigen Nachschlagen anregen.

Abstraktionsniveau: bestimmte Ebene der Anschaulichkeit bzw. Konkretheit.

Aktivität: wörtlich „Unternehmung"; statt des früheren Begriffes „Beschäftigungseinheit" zu verwenden.

anthropogen: das Gewordensein eines Menschen und das, was dazu beigetragen hat, betreffend.

Autonomie: Selbständigkeit und Selbstentscheidungsmöglichkeit; Eigengesetzlichkeit.

bizentral: mit zwei Orientierungspunkten.

Curriculum: „Lehrplan", der aber auch Ziele, Inhalte, Organisationsformen und methodische Fragen mit bedenkt.

differenzieren: beim Lernprozeß verschiedene Inhalte berücksichtigen im Hinblick auf die lernende Person.

empirisch: an der Wirklichkeit orientiert und diese in erster Linie berücksichtigend.

funktional: nebenher; Gegenteil von intentional.

Idealtyp: „reine" Form, die in Gedanken bzw. als „Idee" existiert; nicht gemeint im Sinne von „besonders gut".

individualisieren: sich am einzelnen Teilnehmer orientieren.

Integration: sinnvolle Verbindung und Abstimmung aufeinander; Hereinnahme.

Intention: Absicht; davon: intentional = gezielt, hauptsächlich.

Interaktion: Handlungsablauf zwischen zwei oder mehreren Menschen; in der Pädagogik z.B. der Ratschlag eines Erziehers.

Kommunikation: zwischenmenschliche Verständigung (möglich durch Sprache, Zeichen, Blicke, Schrift, körperliche Kontakte).

kompensatorische Erziehung: eine Erziehung mit der Absicht, Benachteiligungen auszugleichen.

Konzept: Vorstellung, Grundrichtung, Idee.

Konzeption: Abfassung (als Prozeß und als Ergebnis zu verstehen).

Modell: a) Einrichtung, die sich um vorbildliche Arbeit bemüht; b) ein gedankliches Konzept, das beim Realitätsverständnis behilflich sein kann; c) ein Vorschlag aus der Theorie, den es zu erproben gilt.

Normendifferenz: Unterschied im Hinblick auf das, was in der Erziehung sein und als Ziel erreicht werden soll.

operationalisieren: in eine eindeutige Anweisung bringen.

pädagogisch-systematisch: ein erzieherisches Beziehungsgefüge betreffend, z.B. Eltern – Kind – Kindergärtnerin.

pragmatisch: vom Praktischen und Vorteilhaften her betrachtet.

präskriptiv: wertend und „vorschreibend"; im Gegensatz zu deskriptiv = „beschreibend".

Prinzip: Grundsatz, der in der Regel, aber nicht immer und unbedingt angewendet werden kann.

prinzipiell: grundsätzlich, wobei es Ausnahmen gibt.

professionell: beruflich.

situative Bedingungen: Umstände, die Einfluß auf das Erleben einer bestimmten Situation haben.

Sozialisation: pädagogisch – Einflußnahme auf das gesellschaftliche Verhalten von Kindern und Jugendlichen; berufssoziologisch – beruflicher Werdegang.

Sozialisationsbedingungen: Umstände, die dazu beitragen, daß jemand in einer bestimmten Weise sozialisiert wird.

Sozialisationsinstanz: an der Sozialisation beteiligte Einrichtung; es wird unterschieden zwischen primären (z.B. Familie), sekundären (z.B. Schule) und tertiären (Einrichtungen der Resozialisierung, z.B. Erziehungsheim) Sozialisationsinstanzen.

sozioökologisch: die örtlichen Wohnverhältnisse und deren Einfluß betreffend.

Supervision: Praxisberatung und -anleitung.

theoretisches Konstrukt: gedankliche Hilfskonstruktion, um Dinge zu erschließen, die selbst als solche nicht zu beobachten sind.

Transfer: Übertragung.

Typologie: System einzelner Typen, das als Erkenntnishilfe dienen kann; es darf nicht vorschnell auf die Realität übertragen werden.